NAVEGACIÓN a VELA y a MOTOR

Guía de iniciación para todas las edades

Basil Mosenthal

TUTOR

Agradecimientos

Las cartas y los extractos de las publicaciones sobre la marea han sido reproducidos con autorización de *The Controller of H.M. Stationery Office and the UK Hydrographic Office* (www.ukho.gov.uk) así como de *Stamfords Charts, and Reeds Nautical Almanac (Nautical Data Ltd).*

Nota: Las cartas reproducidas en este libro, que han sido adaptadas para la enseñanza, pueden no ser correctas ni estar actualizadas. No deben utilizarse para la navegación.

La fotografía de la portada de Pat Collinge, es cortesía de Sunsail Sailing Holidays.
La fotografía de la contraportada es cortesía de David Williams.
Las fotografías de los equipos GPS de las páginas 65 y 66 son cortesía de Garmin Limited.
La foto de la carta e instrumentos de la página 17 es cortesía de Sea Chest Nautical BookShop, Plymouth.

Editor: Jesús Domingo
Coordinación editorial: Paloma González
Traducción y adaptación: Cristina Puya Canomanuel

Publicado por primera vez en inglés por Adlard Coles Nautical,
un sello de A & C Black Publishers Ltd, London
www.adlardcoles.co.uk

Marqués de Urquijo, 34. 28008 Madrid
Tel.: 91 559 98 32. Fax: 91 541 02 35
E-mail: info@edicionestutor.com
www. edicionestutor.com

Socio fundador de la
World Sport Publishers' Association
(WSPA)

ISBN: 84-7902-471-2
Depósito legal: M. 35.072-2004
Impreso en Top Printer Plus
Impreso en España – *Printed in Spain*

CONTENIDO

NAVEGACIÓN A VELA Y A MOTOR

Guía de iniciación para todas las edades

Quizás lo primero que debemos decir es que la navegación no es difícil de aprender, aunque a veces lo aparente y que algunos de los mejores libros sobre navegación puedan parecer bastante complicados.

En realidad, situarse en la mar es algo absolutamente sencillo y fácil, aunque hay que aprender a hacerlo. Y las matemáticas que es necesario dominar están al alcance de un chico de doce años.

Tal como ocurre con la mayoría de los conocimientos, la experiencia resulta muy útil, pero alguna vez hay que empezar. El navegante curtido no hace más que seguir unos procedimientos sencillos, pero trabaja minuciosamente y extrae lo mejor de su experiencia.

Algunas veces puede parecer que los aparatos electrónicos como el GPS y los plotters electrónicos pronto tomarán el relevo y que los marinos ya no necesitarán tener conocimientos básicos sobre navegación. Ciertamente el GPS es en la actualidad un instrumento importante para la navegación en embarcaciones pequeñas y lo seguirá siendo. En el capítulo 15 echaremos un vistazo al GPS, en líneas generales.

Aunque la mayoría de los barcos llevan hoy día GPS, y este equipo es muy fiable, no es infalible. Y, sobre todo, no debe utilizarse sin comprender los principios básicos de la navegación. Por este motivo, vamos a empezar por aquí.

SOBRE EL LIBRO

Tal como indica el subtítulo, este libro es una introducción a la navegación. Su propósito es la claridad y sencillez y para ello incluye párrafos breves. No es un libro de texto que sirva para aprobar exámenes.

Cualquier persona que vaya a embarcar debe tener conocimientos de navegación, independientemente de que quiera ser navegante. Éstos representan una gran ventaja a la hora de salir a la mar y, en caso de que el patrón o el navegante estén incapacitados, debe haber alguien más a bordo que pueda llevar el barco otra vez a puerto con seguridad.

Para aquellos que deseen iniciarse en la navegación, este libro expone suficiente información para aprender, al menos en aguas costeras. Y cuantas más salidas a la mar realicéis, mejor. A su debido tiempo querréis obtener una enseñanza más académica, para poder llenar cualquier laguna que tengáis en vuestros conocimientos, y quizás aspirar a pasar alguno de los exámenes de la RYA (Royal Yachting Association). Hay que señalar que, a pesar del creciente uso del GPS, la RYA sigue exigiendo unos conocimientos básicos para aprobar los exámenes de Yachtmaster (título de patrón de embarcaciones en general), y al parecer lo va a seguir haciendo durante mucho tiempo.

Llevar la navegación en barcos de motor no es diferente de hacerlo en barcos de vela, y este libro está indicado para navegar a motor y a vela. Pero, con el fin de simplificar, hablamos simplemente de navegar para referirnos tanto al motor como a la vela.

Por último, ni qué decir tiene que las mujeres son excelentes navegantes. No obstante el uso abusivo de los pronombres «él» o «ella» en un libro resulta aburrido para el lector, por lo que ofrecemos nuestras disculpas por referirnos al navegante a lo largo del libro como «él».

CAPÍTULO 1

Las cartas náuticas

Las cartas constituyen la base de una navegación segura, y son más imprescindibles para el navegante que un mapa de carreteras para el conductor. Por ello, el primer contacto con la navegación es averiguar qué tipos de cartas existen y comprender lo que vemos en ellas.

Una carta puede mostrar el plano de un puerto a gran escala, una franja de la costa, o todo un océano. En el Reino Unido existen dos clases de cartas: las publicadas por el Almirantazgo y las cartas comerciales editadas por Stanford and Imray, especialmente diseñadas para los navegantes de recreo y para embarcaciones pequeñas, que abarcan la mayoría de las zonas que suelen frecuentar dichos navegantes.

Las cartas del Almirantazgo cubren prácticamente todo el mundo y tienen fama de ser precisas y detalladas. También hay Cartas de Navegación de Recreo del Almirantazgo, que abarcan las zonas de navegación a vela más populares del Reino Unido, las islas del Canal y algunas partes de Francia. Se presentan en dos formatos. Las versiones estándar de papel impermeable se pliegan quedando a un tamaño A4 aproximadamente. También están los Folios de Navegación de Recreo del Almirantazgo que comprenden las zonas más populares, conteniendo cada uno de 10 a 12 cartas de unos 600 mm × 400 mm, con un tamaño muy indicado para la mesa de cartas. Estas cartas tienen el doble de información que las cartas estándar del Almirantazgo.

Tanto las Cartas de Navegación de Recreo del Almirantazgo como las cartas comerciales, indican en el reverso gran cantidad de datos generales como canales de radio, detalles de boletines meteorológicos, e información relativa a seguridad. Algunas cartas indican también datos sobre puertos locales y características de la marea.

Existen cartas del Almirantazgo en CD ROM que se pueden contemplar en una pantalla. Pero aunque esta modalidad pueda parecer interesante, no estará indicada para vosotros hasta que no tengáis más experiencia. Al principio, todos los navegantes deben ser capaces de trabajar perfectamente con una carta básica de papel. Si tenéis oportunidad, echad un vistazo a los diferentes tipos de cartas y preguntad a la gente que las utiliza. Como navegantes, podéis tener una preferencia concreta, pero debéis aprender a trabajar con todas ellas.

Abreviaturas y símbolos

Para ahorrar espacio, se utilizan numerosas abreviaturas y símbolos que indican las peculiaridades en las cartas. Muchas se explican por sí mismas, pero otras hay que aprenderlas.

Hay una lista completa de abreviaturas y símbolos en la carta 5011 del Almirantazgo (un folleto que conviene comprar). Asimismo, en el reverso de las cartas comerciales y en los almanaques náuticos viene una selección de las abreviaturas y símbolos más comunes.

La enorme gama de símbolos y abreviaturas es una señal de la cantidad de datos que aparecen en la mayoría de las cartas. Hay que destacar que los símbolos indican las características situadas en tierra y también en el agua, y que los contornos de la costa vienen indicados en las cartas. Esto es de gran importancia para la navegación costera.

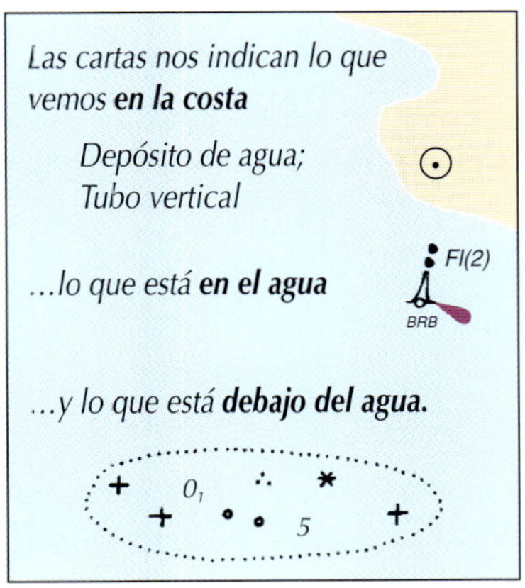

No podemos recordar todos los símbolos, y hay muchos que nunca nos afectarán, pero el hecho de familiarizarnos con las cartas y entender lo que vemos en ellas, es fundamental para llegar a ser navegantes expertos.

Si veis algo en la carta que no entendéis ¡debéis averiguar qué es!

Las sondas

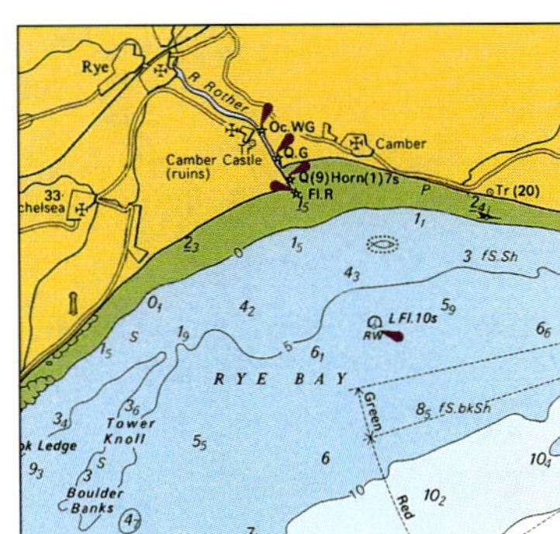

Las cifras que aparecen en las zonas de la carta cubiertas por agua se conocen como sondas e indican la profundidad o altura del agua en ese punto. En el capítulo 5 explicaremos cómo la subida y la bajada de la marea afectan a la profundidad del agua.

Las cartas modernas indican las profundidades en *metros*, pero sigue habiendo en circulación cartas antiguas que las indican en *brazas*. Hay que tener cuidado. Una braza equivale a seis pies, un término que algunos marinos todavía prefieren utilizar.

En algunas zonas veremos sondas como 3_2 que significa una profundidad de 3,2 metros.

Algunas zonas sumergidas como marismas, bancos de arena o rocas aparecen visibles y emergen en bajamar. Éstas aparecen señaladas en la carta como «dries» o «Dr» * y en esos lugares las sondas están subrayadas.

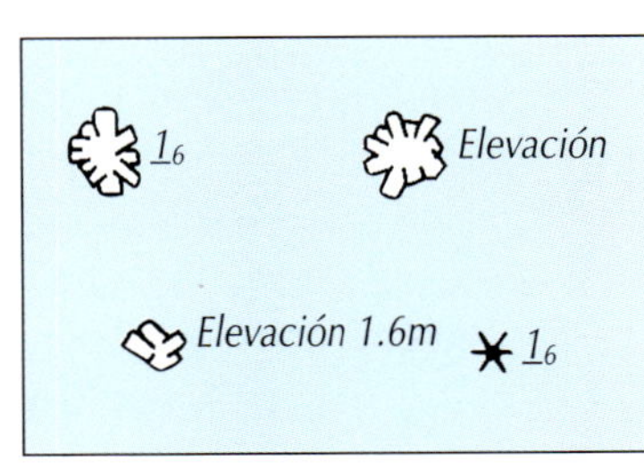

* Se refiere a las cartas inglesas. En las cartas españolas, las elevaciones o sondas negativas aparecen simplemente subrayadas. *(N. de la T.)*

Los colores

Los colores que se utilizan en los diferentes tipos de cartas varían según el editor, pero resultan fáciles de comprender. Por ejemplo, en las cartas del Almirantazgo la tierra es amarilla, las zonas que emergen en bajamar son verdes, las aguas poco profundas azules y las aguas más profundas de color blanco.

Escala y distancia

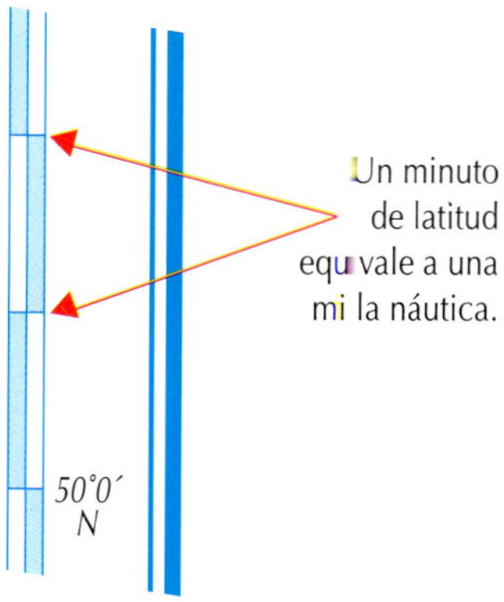

La unidad para medir la distancia en la mar es la *milla náutica (mn)*. Equivale a 1.825 metros, 2.025 yardas o 1,15 millas terrestres, pero lo más importante de todo es que equivale a *un minuto de latitud*. Algunas cartas de gran escala tienen escalas de distancias como los mapas de carretera, pero por lo general, la distancia se toma de la escala de latitudes situada *en un lado* de la carta. Mirándola nos haremos una idea de la zona que abarca la carta.

Latitud y longitud

Todas las cartas muestran las líneas de latitud y longitud, de modo que la zona que cubre la carta puede encajarse en el esquema general del globo.

Las líneas de *latitud,* o paralelos, aparecen horizontales en la carta. El ecuador es la latitud 0° y cuanto más al norte vayamos, más aumenta la latitud. Por ejemplo, Lisboa está a 38° 44' N y Falmouth a 50° 10' N.

Las líneas de longitud son verticales, y ésta se expresa en grados y minutos *Este* u *Oeste* a partir de la longitud 0°. Las líneas de longitud también se denominan meridianos, por lo que la longitud 0° también recibe el nombre de *Meridiano de Greenwich*.

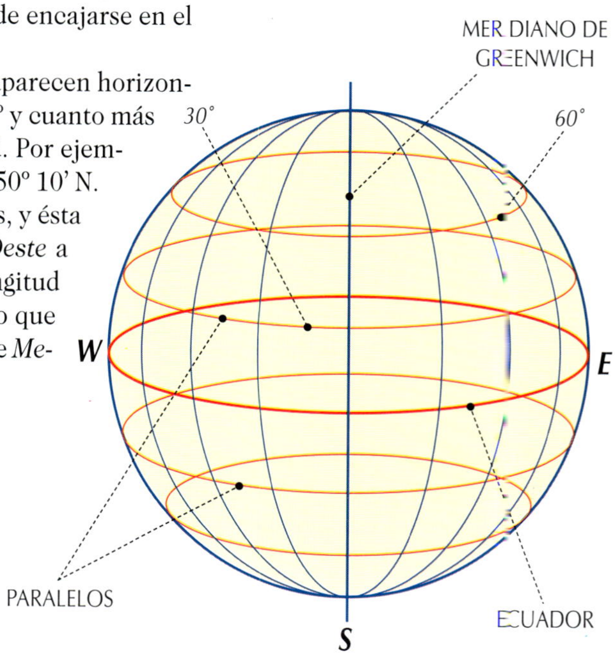

▷ Si observamos un globo terrestre vemos que los paralelos y meridianos son en realidad círculos. Pero en las cartas aparecen como líneas rectas.

La longitud 0°, el Meridiano de Greenwich, pasa por el Reino Unido. Para cualquier barco que navegue por el canal de la Mancha, constituye una gran diferencia el hecho de que su longitud sea E o W. Un barco cuya longitud sea 1° W está cerca de Portsmouth, mientras que si está 1° E se encuentra bastante lejos del canal, a la altura de Dungeness.

Las profundidades

El viajero que se desplaza por tierra necesita saber dónde está, pero el navegante tiene que saber dónde está *y también* preocuparse por la profundidad del agua, por lo menos cuando está navegando cerca de la costa.

La carta indica lo que no se puede ver: la profundidad del agua, y los peligros ocultos como rocas, pecios y bancos de arena.

> Esparcidas entre las sondas podemos ver abreviaturas que indican la naturaleza del fondo marino.
>
> Por ejemplo: S – arena, M – fango, Sh – guijarros
>
> En la actualidad sólo sirven a la hora de elegir un lugar donde fondear, en el que desearemos encontrar fango o arena.

Peligros sumergidos

Aunque siempre podemos buscar los símbolos de la carta que no entendemos, ***debemos ser capaces de reconocer inmediatamente los símbolos que indican los peligros sumergidos***. Aquí mostramos una selección de los más importantes.

Podemos ver en la carta que algunos de los peligros son un riesgo sólo para los barcos grandes cuyos cascos se sumergen a más profundidad en el agua.

Pero, al principio, es conveniente alejarse de todas las rocas, pecios y de cualquier zona donde la profundidad del agua pueda ser incierta y exista peligro potencial.

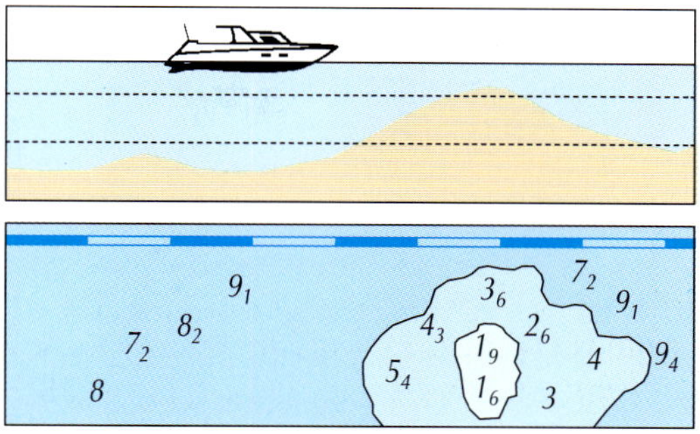

△ Sólo mirando la carta este barco puede saber que tiene un banco de arena por la proa.

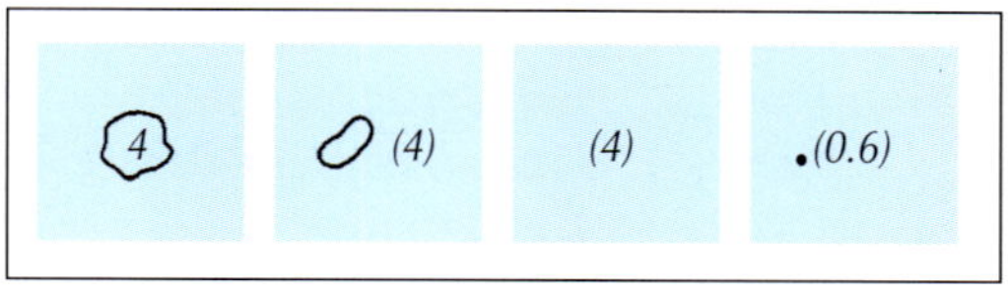

△ Rocas que están siempre visibles, incluso en pleamar.

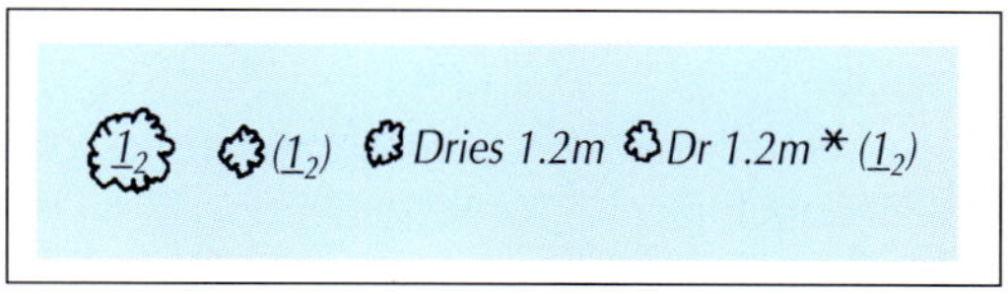

△ Rocas sumergidas en pleamar pero visibles en bajamar.

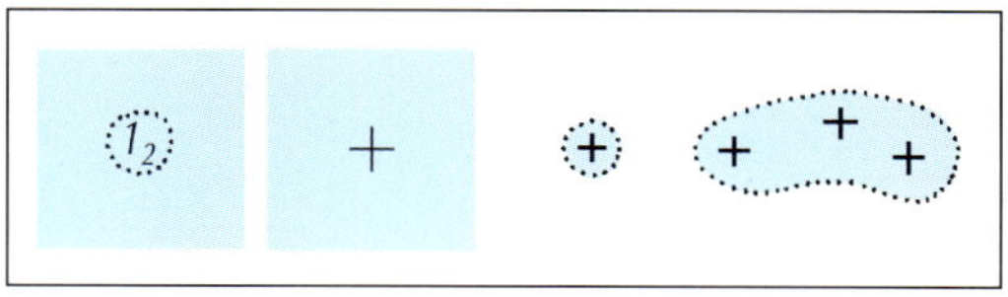

△ Escollo peligroso debajo del agua.

△ No fondear en mal tenedero.

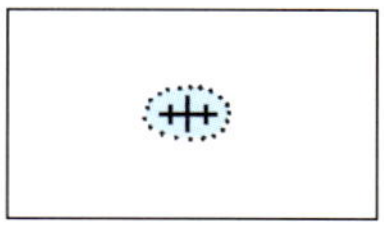
△ Pecio peligroso.

◁ Torbellinos y escarceos en los que el agua está agitada.

¿Hay cartas suficientes?

El navegante debe asegurarse de que lleva a bordo cartas suficientes que abarquen la zona por donde el barco tiene previsto navegar. Las cartas costeras no suelen indicar los detalles de cada puerto.

En caso de necesidad podemos utilizar los planos de los puertos que vienen en los derroteros o almanaques, pero, por lo general, ***no debemos entrar en un puerto o un fondeadero sin una carta detallada.***

Una ventaja de las cartas comerciales es que incluyen recuadros con planos de puertos de la zona comprendida en la carta. Esto reduce el número de cartas que debemos llevar, y representa también un ahorro importante. Sin embargo, estos cartuchos no suelen ser a gran escala como los de las cartas del Almirantazgo.

También debemos mirar otros puertos de la zona que no tengamos previsto visitar, y en los que podemos vernos obligados a entrar si hay un cambio de planes o si necesitamos resguardarnos del mal tiempo.

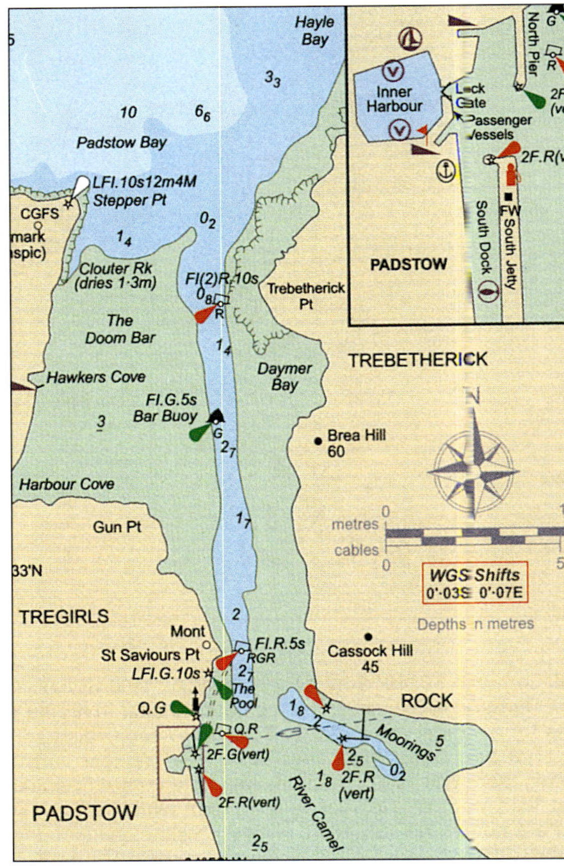

Esta carta del Reeds Nautical Almanac es muy clara, pero quizás no muestre tantos detalles como la carta de un puerto.

Los Almanaques Náuticos

Los Almanaques Náuticos son publicaciones anuales que contienen información variada para el navegante. Algunos datos, como las tablas de mareas, cambian todos los años.

Los almanaques también incluyen valiosas referencias sobre puertos y muelles, sus instalaciones y cómo acceder a ellos.

Uno de los almanaques más completos dirigidos al navegante de recreo es el *Reeds Nautical Almanac*, que también se presenta en tres ediciones regionales. Existen otros excelentes almanaques y se trata de elegir el que más nos guste, pero en todos los barcos debe haber uno.

CAPÍTULO 2

Boyas y luces

Los faros y las boyas están ahí para guiarnos, y a veces para avisarnos. Debemos saber cómo nos ayudan y por qué nos previenen.

Boyas

Las boyas se utilizan principalmente para señalar peligros o indicar los canales de aguas profundas. Sus diferentes formas, colores y marcas de tope nos indican el motivo por el cual se encuentra en un lugar determinado.

Las balizas, que están clavadas en el fondo (al contrario de las boyas que flotan) siguen el mismo esquema de colores que las boyas.

Cuando veáis esto en la carta ...

...debéis saber el aspecto que tiene en el agua. Señala el lado de estribor de un canal.

Debéis saber que esta boya cilíndrica roja señala el lado de babor de un canal.

1. Cuando vemos una boya en la carta, debemos saber el aspecto que tendrá cuando la veamos en el agua.

La letra que aparece debajo de cada boya en la carta nos indica su color: Red (rojo) Green (verde) Black (negro) White (blanco) Yellow (amarillo).

2. Cuando veamos una boya, debemos entender por qué se encuentra en ese lugar.

Estas señales se utilizan para marcar los canales de aguas profundas. Pueden ser luminosas o no luminosas.

△ *Las señales laterales de babor (indican el lado de babor de un canal al entrar a puerto) son **ROJAS** cilíndricas y con una marca de tope cilíndrica (si llevan). Las luces son **ROJAS.***

△ *Las señales laterales de estribor, que indican el lado de estribor de un canal, son **VERDES** en forma de cono y con una marca de tope cónica (si tienen). Las luces son **VERDES.***

Otras boyas

Sus nombres oficiales explican para qué sirven.

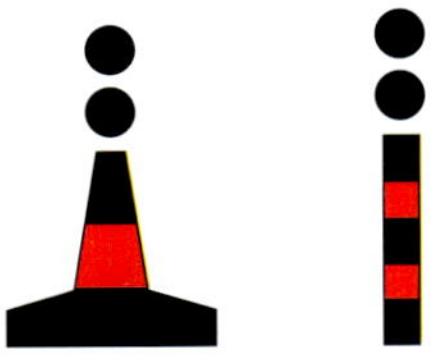

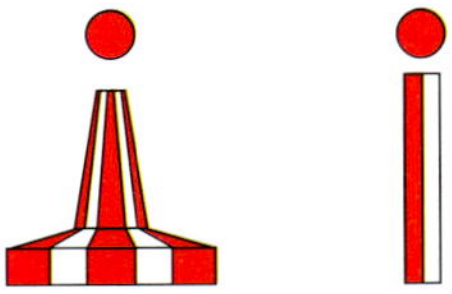

△ **SEÑAL DE PELIGRO AISLADO**
Negra con franjas rojas horizontales.
Marca de tope: 2 esferas negras. Indica un peligro con aguas libres alrededor. Se puede pasar por cualquier lado, pero no demasiado cerca.

△ **SEÑAL DE AGUAS LIBRES**
Roja con franjas verticales blancas. Marca de tope (si lleva): esfera roja. Suele estar situada a la entrada de un canal. No señala ningún peligro y se puede pasar por cualquier lado.

△ **SEÑAL ESPECIAL**
Amarilla (forma opcional). Marca de tope (si lleva): un aspa amarilla.
No es una señal de navegación, pero se utiliza para indicar una característica concreta, como una zona de ejercicios militares.

Boyas cardinales

Toman su nombre de los puntos cardinales del compás: N, E, S y W (oeste). Indican dónde se encuentra un peligro por el lugar donde está situada la boya. Una boya cardinal *oeste* está colocada al oeste de un peligro, etc.

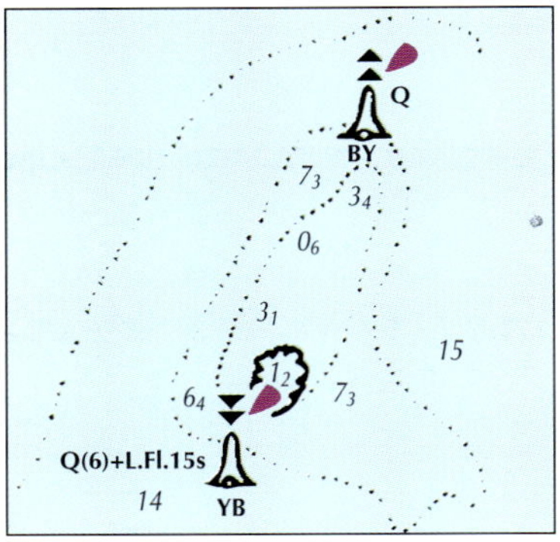

◁ De esta manera pueden estar situadas las boyas cardinales al lado de un escollo peligroso.

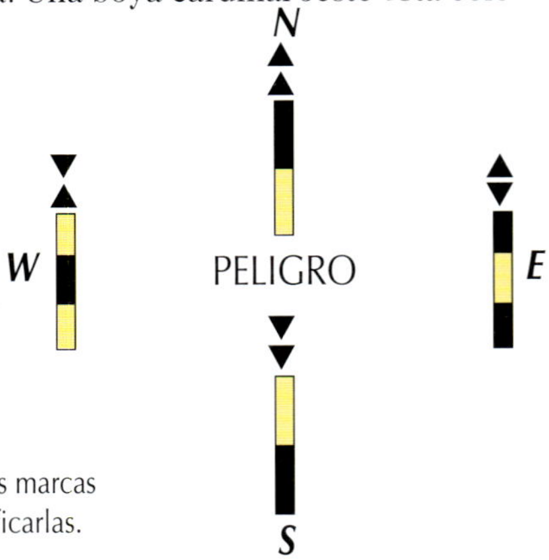

▷ **BOYAS CARDINALES.**
Hay que destacar las diferentes marcas de tope que sirven para identificarlas.

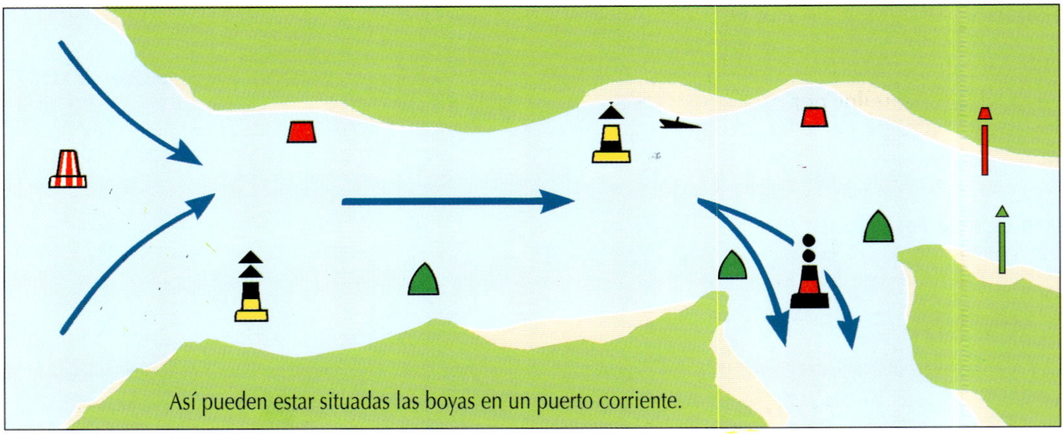

Así pueden estar situadas las boyas en un puerto corriente.

Luces

En esta denominación se incluyen los faros, los buques faro y las boyas luminosas. La mayoría de los buques faros están obsoletos y están siendo reemplazados por boyas grandes o por estructuras fijas. En las cartas todas las luces están señaladas con una lágrima color morado (véase la página anterior).

Cómo identificar las luces

El navegante debe ser capaz de distinguir una luz de otra. Esto se refiere a las luces de las boyas de un canal o a un faro que avistamos a lo lejos en el mar.

Esto es posible debido a que las luces tienen unas *características* diferentes: color, tipo, fase de sus destellos y el intervalo que hay entre éstos.

Estas características vienen indicadas en la carta al lado de cada luz y cada boya luminosa. En cuanto a los faros, también se indica su altura y el alcance de la luz, que es la distancia a la cual son visibles para los barcos.

Punta deArdnamurchan
Fl (2) 20s 55m 24M

Así aparece en la carta la luz de la Punta de Ardnamurchan en la costa occidental de Escocia. Su secuencia indica dos destellos cada veinte segundos, la altura de la luz es de 55 metros y su alcance de 24 millas.

Clases de luces y fases

Fijas (F): pueden confundirse con las luces de la costa, por este motivo no se suelen utilizar.

De destellos (Fl): el período de luz es mucho más corto que el intervalo entre los destellos. «Fl 10s» significa un destello cada diez segundos.

De grupos de destellos: más de un destello siguiendo una pauta «Fl (3) 15s» significa tres destellos cada 15 segundos.

De ocultaciones (Oc): el período de luz es mucho más largo que el período de oscuridad.

Isofase (Iso): los períodos de luz y oscuridad son iguales.

De centelleos (Q): luces isofases con una fase muy rápida (más de 40 destellos por minuto). Pueden ser de «centelleos muy rápidos» (VQ) y de «centelleos ultrarrápidos» (UQ).

Luces alternas (por ejemplo Al WR): cuando la luz muestra más de un color.

También existen variaciones sobre estos tipos principales de luces.

Cuando miramos un faro o una boya luminosa en la carta debemos ser capaces de identificar su luz cuando se enciende en la noche.

Luces en las boyas cardinales

Ya sabemos que las marcas de tope de estas boyas nos indican la posición relativa del peligro. (¿Recordáis cuáles son las marcas de tope?) Pero las características de la luz también nos proporcionan esta información.

Los colores de las luces

Las luces de las boyas pueden ser blancas, rojas, verdes o amarillas. Las luces principales suelen ser blancas, pues la luz blanca es la que se ve a mayor distancia, pero también pueden tener una luz de color en un sector concreto para avisar de un peligro especial. El dibujo de abajo lo explica.

Norte
Luz: VQ o Q

Oeste
Luz: VQ (9) ev 10s
o Q (9) ev 15s

Este
Luz: VQ (3) ev 5s
o Q 3) ev 10s

Sur
Luz: VQ (6) + LFL ev 10s
o Q (6) + LFL ev 515s

VQ *(very quick):* en español muy rápidos (centelleos)
Q *(quick):* en español rápidos (centelleos)
ev *(every):* en español cada.
LFL *(long flashing light):* en español: luz de destellos largos.
△ Hay que señalar que el número de destellos 3, 6 y 9 son los mismos que los números del reloj.

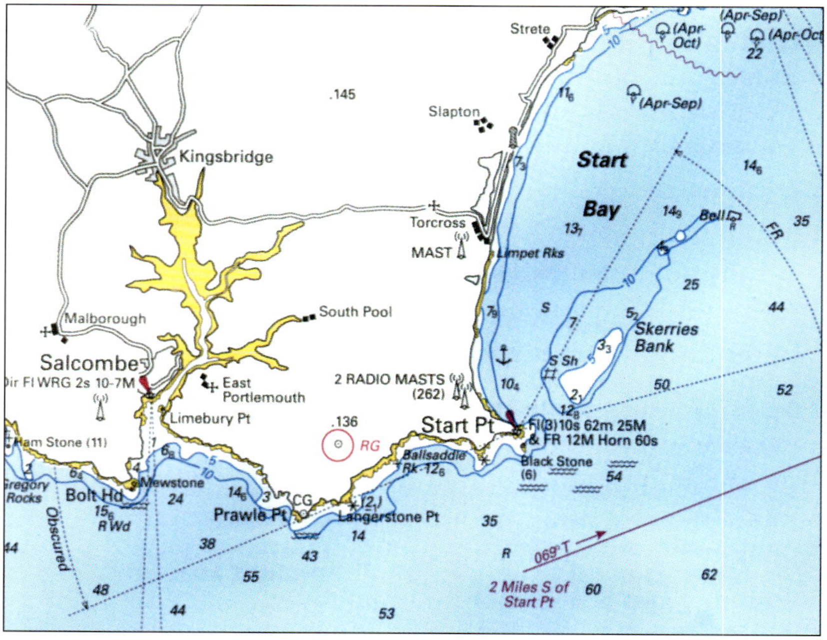

◁ Además de la luz principal, Start Point tiene una luz roja fija en el sector Noroeste, como aviso a los barcos de que se están aproximando a Skerries Bank.

◁ La descripción de la carta junto a la luz indica que la luz blanca muestra 3 destellos cada diez segundos y que su alcance es de 25 millas, mientras que la luz roja fija tiene un alcance de sólo 12 millas

△ *La luz blanca de destellos de Salcombe indica la aproximación segura a la entrada del puerto. Los sectores rojo y verde aparecen visibles cuando nos desviamos a cualquier lado de la derrota correcta.*

Señales sonoras

Algunas luces importantes emiten una señal sonora cuando hay niebla o mala visibilidad. Vienen señaladas en las cartas y el sonido suele ser como una sirena eléctrica. Algunas boyas tienen una campana, que suena por la acción de las olas o un silbato que funciona por aire comprimido. ¡Todas ellas producen un sonido monótono en la niebla!

CAPÍTULO 3

El compás

En el mar gobernamos el barco con el compás, cuando no arrumbamos hacia una marca. Al empezar a trazar rumbos y demoras en una carta, éstos se refieren al compás. Vamos a echar un primer vistazo a este importante instrumento.

Hacia dónde señala el compás

- Veremos que existe una diferencia entre el *Norte verdadero* y el *Norte magnético*, y que la aguja del compás señala hacia el Norte magnético.

- La diferencia entre el Norte verdadero y el Norte magnético se conoce como ***declinación magnética, variación magnética*** (o simplemente ***variación***).

- La variación magnética es distinta en las diferentes zonas del mundo y se produce un pequeño cambio anual o decremento anuo en cada una de estas zonas.

La rosa del compás

Todas las cartas incluyen al menos una *rosa del compás* como la que aparece abajo (que es —para que lo tengáis claro— media rosa del compás). En el capítulo siguiente aprenderéis a utilizar la rosa del compás para trazar rumbos y demoras en la carta. Aquí la mostramos para representar de una forma ilustrativa la variación magnética.

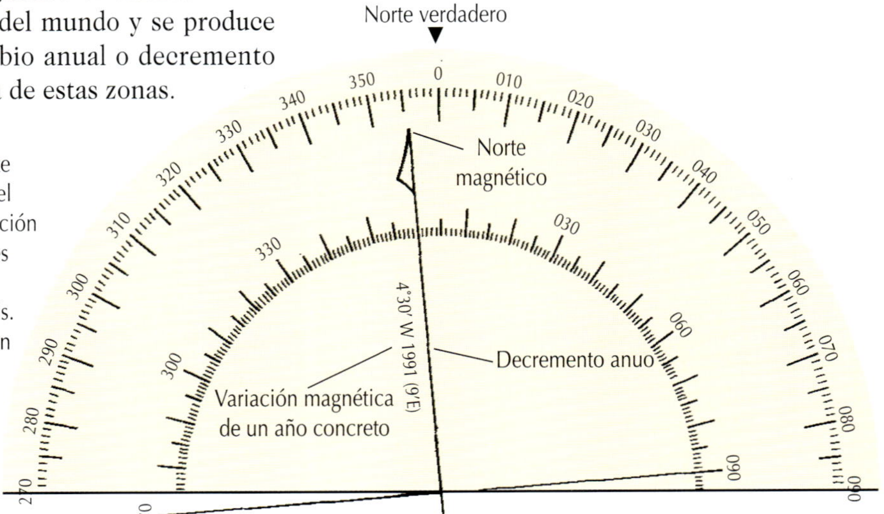

▷ En este ejemplo el Norte magnético está al Oeste del Norte verdadero y la variación (diferencia entre los dos) es 4° 30′ Oeste. Todo esto lo muestra la rosa del compás. Al ser diferente la variación magnética en cada lugar, la rosa del compás de la carta indica la variación en la zona que comprende.

> Más adelante veremos de nuevo la diferencia entre rumbos y demoras magnéticos y verdaderos, y aprenderemos a pasar de unos a otros. De momento, os aconsejamos que trabajéis sólo con rumbos y demoras magnéticos.

El compás de gobierno

El compás de gobierno está marcado de 0 a 360 grados. También indica los puntos cardinales, Norte, Sur, Este y Oeste, y los puntos intermedios como NE, SW, etc.

Sin embargo, en la práctica, todos los rumbos y demoras están expresados en cifras, no en puntos del compás. Hay que destacar que siempre se utilizan tres cifras, por ejemplo 005º, 020º, 125º.

Los compases pequeños pueden estar graduados en unidades de cinco grados, aunque lo normal es que estén graduados de dos en dos grados. Pero incluso el timonel más experimentado podrá encontrar dificultad para gobernar con estos compases con exactitud de un grado, sobre todo con mal tiempo.

La mayoría de los compases tienen las cifras abreviadas para que el timonel pueda leerlas con más facilidad, de tal modo que 320 aparece como 32. Si miráis el dibujo y recordáis que el compás está graduado en el sentido de las agujas del reloj de 0 a 360 grados, resulta fácil de comprender.

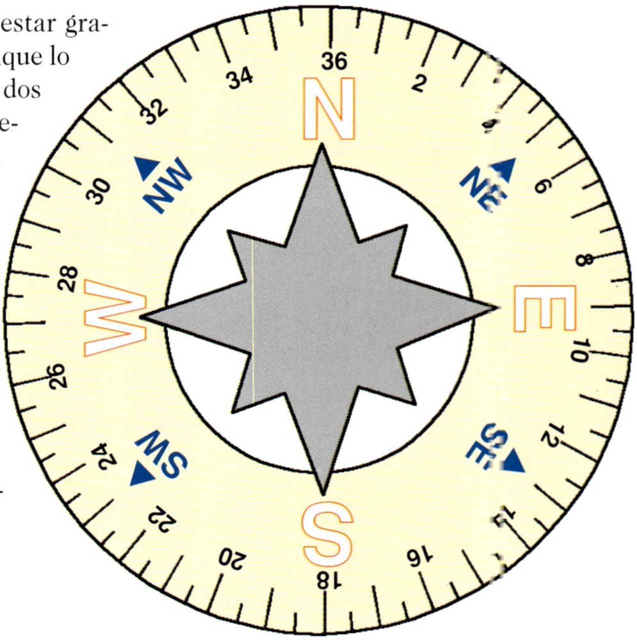

Dirección

Evidentemente tiene que haber una conexión entre el compás y la «dirección».

En el mar se habla de la «dirección» en la que navegamos, es decir, del *rumbo*. También se puede hablar de la «dirección» de la baliza que vemos en la orilla y que se conoce como la *demora* de la baliza.

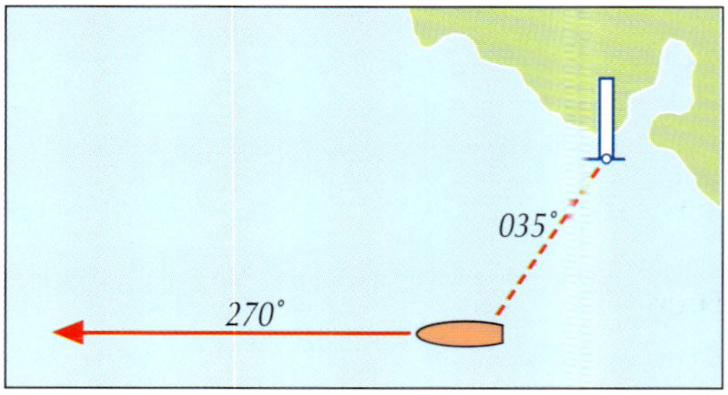

△ La demora de la baliza desde el barco es 035º.
El rumbo del barco es 270º.

CAPÍTULO 4

Trabajar en la carta

Indicamos aquí lo que necesitáis saber antes de empezar a trabajar con éxito en la carta náutica. Empezaremos por echar un vistazo a los instrumentos que se pueden utilizar.

Instrumentos para trabajar la carta

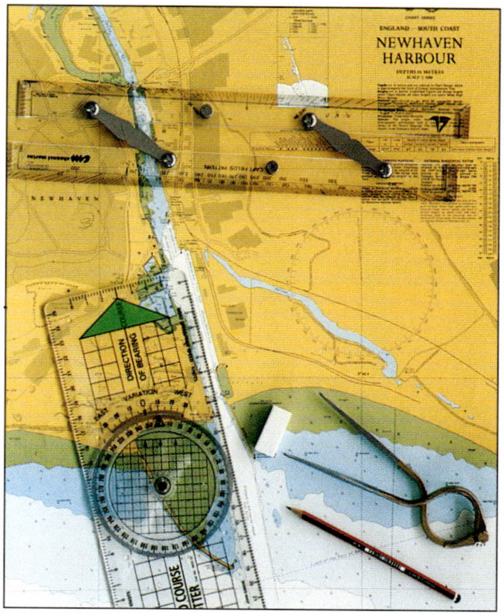

Son los instrumentos clásicos para realizar la navegación en la carta.

El compás de puntas se emplea para medir las distancias, y puede ser curvo que se puede utilizar sólo con una mano, o recto.

Las reglas paralelas es el instrumento tradicional para trazar rumbos y demoras y probablemente el más fácil de utilizar, aunque puede ser caro. Los *transportadores de ángulos* de diferentes clases cada vez se emplean más y se suelen usar en las escuelas de navegación. Están más indicados para utilizar en las mesas de cartas pequeñas.

Los navegantes tienen sus instrumentos favoritos y la experiencia os indicará el tipo de instrumento con el que trabajaréis más a gusto. Mientras tanto, al empezar a navegar, es conveniente ser capaz de trabajar con cualquiera que tengáis a mano.

La distancia

Ya hemos dicho que la distancia en la mar se mide en millas náuticas y que *una milla náutica equivale a un minuto de latitud.*

Por ello, aunque algunas cartas tengan escalas de distancias, la escala de latitudes situada en un *lado* de la misma es la que normalmente se utiliza para medir la distancia.

Aunque las profundidades en las cartas se indican en metros, en la mar no se utilizan los kilómetros.

Cómo medir la distancia en una carta

Para medir la distancia entre los puntos A y B, hay que colocar el compás de puntas entre estos dos puntos y después llevarlo a la escala situada en un lado de la carta, para hallar la distancia correspondiente.

También se puede medir una distancia en la escala de latitudes y llevarla a la carta.

Se utiliza el mismo símbolo para las millas náuticas y para los minutos de latitud y longitud. Por lo que 34 millas náuticas puede escribirse como 34'.

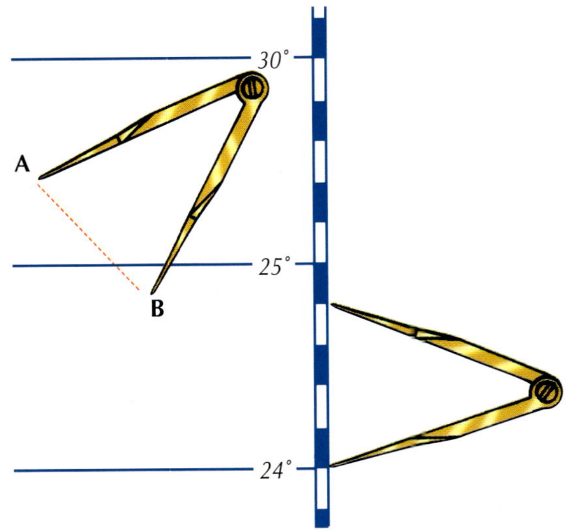

Rumbos y demoras

Cuando trabajamos en la carta, la dirección es la que indica el compás. Por lo tanto, los rumbos y demoras que trazamos están medidos a partir de la *rosa del compás*.

Ya hemos hablado de este instrumento fundamental, pero aquí mostramos otro ejemplo.

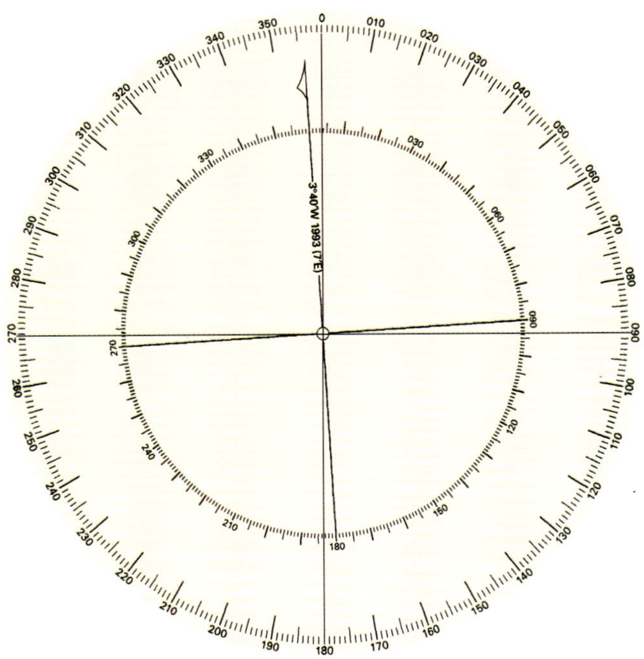

◁ El círculo exterior de la rosa del compás está alineado con el Norte verdadero, y con los meridianos. El círculo interior está alineado con el Norte magnético. Ambos círculos están graduados en el sentido de las agujas del reloj de 0 a 360 grados, de modo que el norte está a 000 ó 360 grados, el Sur a 180 grados, etc.

Recordad que os hemos aconsejado utilizar el círculo interior de la rosa del compás para trazar todos los rumbos y demoras magnéticos. Es un modo práctico de simplificar.

Trazar rumbos y demoras

En el último capítulo se explicaba la diferencia entre *rumbo* (la dirección que lleva el barco), y *demora* (la dirección de un objeto con relación a otro). Para trabajar en la carta, tenéis que saber:

- Medir la demora desde un punto a otro (por ejemplo, un objeto en la costa desde vuestro barco).
- Trazar el rumbo desde un punto a otro.

Y tenéis que saber trabajar con las reglas paralelas o con un transportador de ángulos.

Con las reglas paralelas

Con las *reglas paralelas*, se trabaja con el *círculo interior*, el *círculo magnético* de la rosa del compás. Esto significa que no hay que preocuparse por la variación.

En el siguiente ejemplo, vamos a medir el rumbo entre las dos boyas.

- Alineamos el borde de las reglas paralelas con las dos boyas, y después, abriéndolas y cerrándolas, las llevamos hasta el centro de la rosa de compás más cercana. Hay que tratar de alinear exactamente un borde con el punto central, pues en otro caso nos dará un error.
- Leemos la demora donde el borde de la regla corta el círculo interior de la rosa. Pero, hay que señalar que existen dos opciones, dependiendo del lado del círculo que leamos. A la derecha, el rumbo desde la boya **A** a la boya **B** es **070°**, y desde **B** hasta **A**, **250°**.

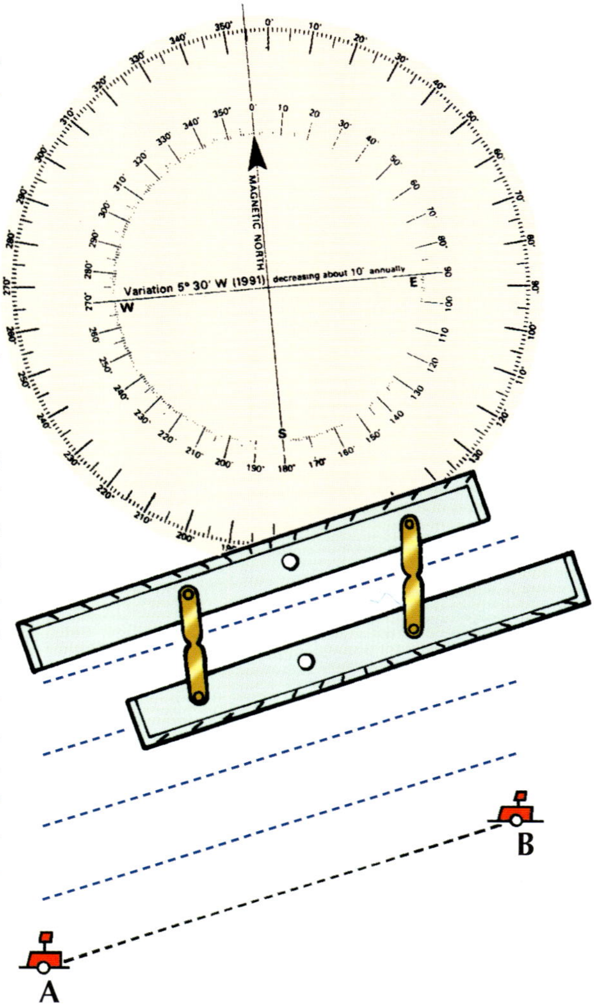

Con algo de práctica no resulta difícil utilizar las reglas paralelas.
Si al desplazar la regla por la carta pensáis que se os ha resbalado,
es mejor comenzar de nuevo para evitar la posibilidad de que se produzca un error.

Con un transportador de ángulos

Con un transportador de ángulos no tenemos que utilizar la rosa del compás, excepto para leer la variación magnética.

En este caso queremos utilizar el transportador para trazar un rumbo de 040° desde nuestro barco al punto **A.**

- Colocamos en el transportador la variación magnética (que hemos leído en la rosa del compás).
- Colocamos la rosa del compás del transportador en el rumbo requerido, por ejemplo, girando el disco hasta que indique los 040° del rumbo del barco.
- Alineamos la rejilla del transportador con el paralelo o meridiano más cercano al punto **A.** Al mismo tiempo, alineamos un borde del transportador con el punto **A** desde donde queremos trazar el rumbo.
- Trazamos la línea a lo largo del mismo borde.

Atención: Puede haber una pequeña diferencia en la manera de utilizar los diferentes tipos de transportadores. Por ello, conviene mirar las instrucciones de uso.

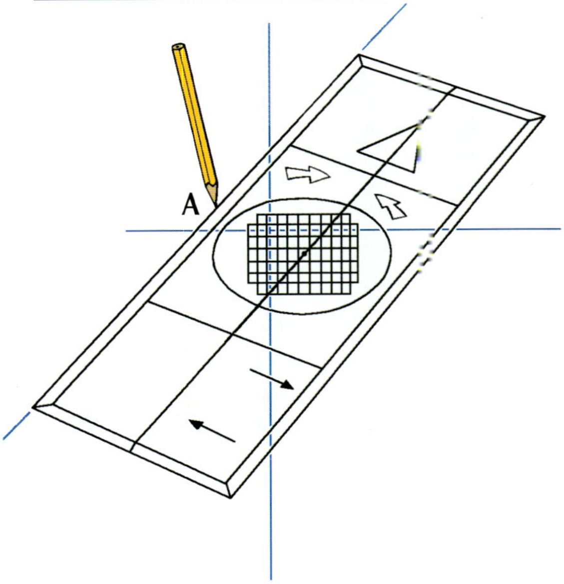

La situación

En la mar, la situación de un barco o de un objeto puede indicarse de dos maneras:

- por medio de su latitud y su longitud
- o por medio de su demora y distancia *a partir* de un objeto conocido.

El GPS y otros instrumentos electrónicos de navegación nos proporcionan la situación en latitud y longitud.

A veces, la situación de un barco puede indicarse de manera aproximada, como «cerca del Oeste de la boya de Shipshape» o «alrededor de una milla al Sur de White Head». Para la navegación esto no es lo bastante exacto, pero puede resultar útil si necesitamos hallar una situación rápidamente para indicarla por radio en una emergencia.

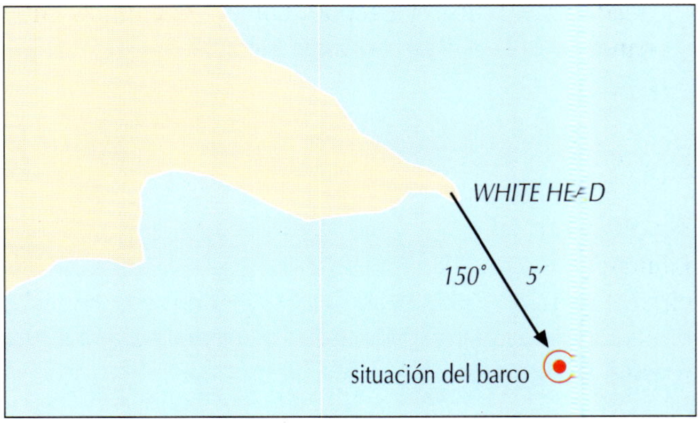

▷ La situación del barco aquí se describe como «a 5 millas a 150° de White Head». La demora se indica **desde** White Head.

Trabajar la latitud y la longitud

En el ejemplo de abajo vamos a hallar la latitud y la longitud del barco en la situación A.

- Alineamos las reglas paralelas con uno de los paralelos de la carta. Después, abriéndolas y cerrándolas, las vamos desplazando hacia arriba o hacia abajo hasta que uno de los bordes pase por el punto **A.**

  También podemos utilizar el transportador de ángulos. Alineamos un lado con el punto **A** y, al mismo tiempo, alineamos una de las líneas verticales del transportador con un meridiano de la carta. De este modo nos aseguramos de que el transportador está alineado con la latitud y con la longitud.

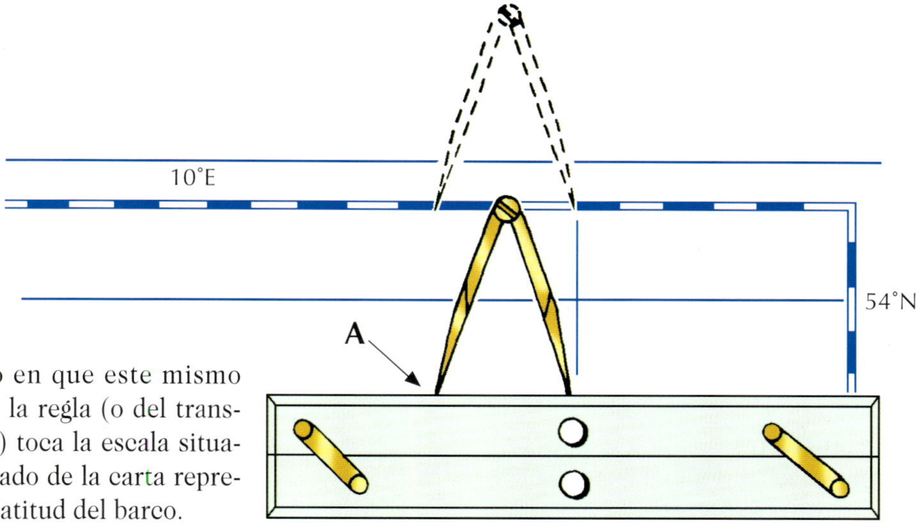

- El punto en que este mismo borde de la regla (o del transportador) toca la escala situada a un lado de la carta representa la latitud del barco.

- Podemos repetir el proceso, alineando la regla en sentido vertical con un meridiano, y después leyendo la longitud en el punto **A** situado en la parte superior de la carta.

  Pero, una manera más fácil, tal como se indica en el dibujo, es mantener la regla alineada en la latitud y después colocar el compás entre el punto **A** y el meridiano más cercano.

Hay que seguir el mismo procedimiento si queremos trazar una determinada latitud y longitud en la carta.

La velocidad

La unidad de velocidad en la mar es el nudo, que equivale a una milla náutica por hora. Es decir, que un barco que se desplace a 12 nudos recorrerá 12 millas náuticas en una hora. A veces oiréis hablar de «nudos por hora», pero puesto que el nudo es una unidad de velocidad, la expresión es incorrecta.

Tiempo, Velocidad y Distancia

Evidentemente existe una relación entre estos tres parámetros que tendréis que utilizar a menudo.

- La corredera indica que estáis navegando a 6,5 nudos. La siguiente marca está a una distancia de 4 millas por la proa. ¿A qué hora estará por el través?
- Las lecturas de la corredera indican que habéis navegado 4,6 millas durante los últimos 40 minutos. ¿Qué velocidad lleváis?
- La velocidad de vuestro barco es de 4,2 nudos. ¿Qué distancia recorreréis en la próxima hora y media?

Podéis resolver fácilmente estos problemas con las tablas de ***Tiempo, Velocidad y Distancia*** que aparecen en la mayoría de los almanaques.

- Utilizad la velocidad y una hora concreta para averiguar la distancia que habéis navegado en ese período de tiempo.
- También podéis empezar por la velocidad; mirad la columna hasta que veáis la distancia que queréis recorrer y leed el tiempo que necesitáis para recorrerla.
- Tomad un intervalo de tiempo, id buscando hasta que encontréis la distancia que queréis, y después id hacia arriba para hallar la velocidad necesaria para recorrer dicha distancia en ese período de tiempo.

$5\frac{1}{2}$	6	$6\frac{1}{2}$	7	$7\frac{1}{2}$	8	$8\frac{1}{2}$	Min
0.1	0.1	0.1	0.1	0.1	0.1	0.2	**1**
0.2	0.2	0.2	0.2	0.2	0.3	0.3	**2**
0.3	0.3	0.3	0.3	0.3	0.4	0.4	**3**
0.4	0.4	0.4	0.4	0.5	0.5	0.6	**4**
0.5	0.5	0.6	0.5	0.6	0.7	0.7	**5**
0.6	0.6	0.7	0.6	0.8	0.8	0.9	**6**
0.6	0.7	0.8	0.7	0.9	0.9	1.0	**7**
	0.8	0.9	0.8	1.0	1.0	1.1	**8**
	[illegible]	1.0	0.9	1.1	1.2	1.3	**9**
		[illegible]	1.0	1.3	1.3	1.4	**10**
			1.1	1.4	1.5	1.6	**11**
			1.2	1.5	1.6	1.7	**12**
					1.7	1.8	**13**
							14

▷ Tabla clásica de Tiempo, Velocidad y Distancia:
— la Velocidad está en la parte superior e inferior
— el Tiempo (en minutos) está a un lado
— la Distancia está en las columnas centrales.

A menos que seáis muy rápidos con las matemáticas, quizás os resulte de utilidad recortar una parte de la tabla y pegarla en una tarjeta, para poder consultarla con rapidez.

Algunas personas encuentran complicadas las fórmulas, pero si queréis utilizar una calculadora de bolsillo, veréis que:

$$\textbf{Distancia} = \frac{\text{tiempo} \times \text{velocidad}}{60\ (\text{mins})} \qquad \textbf{Velocidad} = \frac{\text{distancia} \times 60}{\text{tiempo}} \qquad \textbf{Tiempo} = \frac{\text{distancia} \times 60}{\text{velocidad}}$$

> **Resumiendo:** Este capítulo es de gran importancia y si algo no ha quedado claro, tendréis que estudiarlo otra vez.
>
> Una de las primeras cosas que debe aprender un navegante es a trazar demoras, rumbos y situaciones en la carta, y hacerlo de manera precisa y rápida. No os resultará difícil si entendéis lo que tenéis que hacer, y con un poco de práctica lograréis hacerlo sin pensar.

CAPÍTULO 5

Las mareas: marea creciente y marea menguante

Los efectos de la marea pueden ser tan importantes para el navegante como el viento. El navegante debe estar familiarizado con la marea, y estar al tanto de la misma.

Cuando hablamos sobre las mareas utilizamos una serie de palabras y definiciones nuevas: *mareas vivas, mareas muertas, sonda de la carta*, etc. Intentaremos utilizar cuantas menos podamos, pero si os pica la curiosidad, al final del libro, en el glosario, se incluye una sección independiente de términos sobre la marea.

Pleamar y bajamar

El navegante percibe dos efectos de la marea. En primer lugar está la subida y bajada vertical. Y más tarde el movimiento horizontal (por ejemplo, la marea que entra y sale de un estuario) que se conoce como *corriente de marea*. Abordaremos estos temas en el capítulo siguiente.

pleamar

bajamar

Si estáis en la orilla u observando un puerto comprobaréis que la marea está «dentro» en pleamar o «fuera» en bajamar.

- Normalmente, la diferencia de hora entre la *pleamar* (o marea alta) y *bajamar*, es de un poco más de seis horas.
- Por esta razón, en la mayoría de los lugares, se producen dos pleamares y dos bajamares en 24 horas 50 minutos aproximadamente.

Sin embargo, en algunas partes del mundo no se cumple este programa tan exacto. En zonas como el mar Báltico y el Mediterráneo prácticamente no hay mareas.

▷ ¡Los navegantes deben saber siempre en qué fase se encuentra la marea!

Mareas vivas y mareas muertas

La subida y la bajada de la marea están originadas por el efecto de la posición de la luna en relación con el sol.

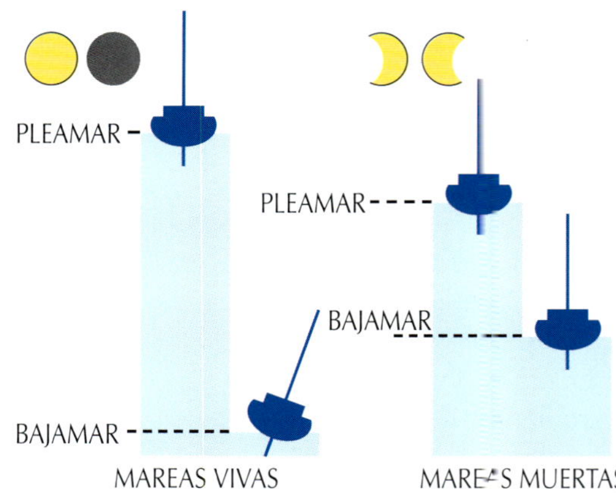

- Cuando hay luna llena, y cuando hay luna nueva (o dos días después, para ser exactos), tienen lugar las *mareas vivas*, cuando la subida y la bajada son máximas (la pleamar es más alta y la bajamar más baja).
- Justo después del primer y del tercer cuarto de la luna tienen lugar las *mareas muertas*, cuando la subida y la bajada son mínimas.
- El ciclo completo que va desde una luna nueva hasta la siguiente tarda aproximadamente cuatro semanas, por lo que hay mareas vivas cada dos semanas, más o menos (en luna llena y en luna nueva).

Alturas y profundidades

Cuando hablamos de la profundidad del agua normalmente nos referimos a la cantidad de agua que hay debajo del barco. Y nos encontramos con el término *profundidad real*, cuyo significado explica por sí solo: es la profundidad real del agua en cualquier situación.

Pero en la página siguiente cuando veamos las *tablas de mareas*, nos enteraremos de que se refieren a la *altura* de la marea. Sin embargo, puesto que la marea sube y baja, no es descabellado hablar de su altura. Pero ¿altura con respecto a qué?, altura por encima del *cero hidrográfico*.

El cero hidrográfico o nivel de reducción de las sondas es un punto de referencia y el lugar más bajo que puede alcanzar la marea. Si observamos el dibujo de abajo entenderemos cómo encajan los diferentes términos relacionados con la marea.

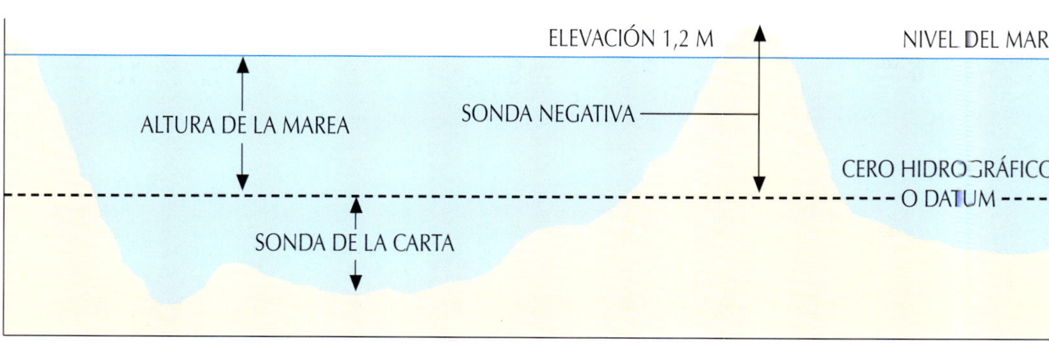

△ La sonda de la carta es la profundidad que hay en un lugar, incluso en bajamar, y la que indica la carta. La altura de la marea es una cifra que se obtiene de las tablas de mareas, y enseguida aprenderéis a hallarla. Veréis que esta cifra hay que sumarla a la sonda de la carta para hallar la profundidad real, término que se explica por sí solo.

Las tablas de mareas

Estas tablas no sólo nos proporcionan la hora de la pleamar y de la bajamar cada día, sino también la altura de la marea. Al final del capítulo expondremos algunos ejemplos de cuándo y por qué motivo las vais a necesitar.

Aunque existen Tablas de Mareas del Almirantazgo, la mayoría de los navegantes de recreo utilizan las tablas que vienen en los almanaques náuticos o las tablas de mareas locales que pueden encontrarse en muchos lugares.

Las horas de la pleamar y de la bajamar pueden variar considerablemente de un lugar a otro dentro de la misma zona, por ejemplo, en una distancia de 5 millas, pero una serie de tablas de marea que cubran cada puerto pequeño o fondeadero ocuparía demasiado espacio. Por este motivo empezaremos por adquirir unas tablas completas de varios puertos, conocidos como *Puertos Patrones*.

Abajo vemos un extracto de la tabla de mareas para Dover que es un Puerto Patrón. Para la mayoría de los días veréis que hay cuatro horas y cuatro alturas de la marea. Para un mismo día podéis leer:

0159 1426 1.5 1.9
0732 1948 5.5 5.6

Las cifras más elevadas a las 0732 y 1948 corresponden a las pleamares y las otras a las bajamares

TIME ZONE UT(GMT)
For Summer Time add ONE hour in non-shaded areas

ENGLAND, SOUTH COAST – DOVER

LAT 51°07′N LONG 1°19′E

TIMES AND HEIGHTS OF HIGH AND LOW WATERS

MAY

Day	Time	m	Day	Time	m
1	0712	1.0	16	0704	0.5
	1208	6.5		1143	6.9
M	1921	1.1	TU	1924	0.6
2	0023	6.5	17	0005	7.0
	0735	1.1		0750	0.6
TU	1240	6.5	W	1231	6.9
	1944	1.1		2010	0.6
3	0051	6.4	18	0055	6.8
	0759	1.2		0836	0.7
W	1309	6.4	TH	1321	6.8
	2011	1.2		2058	0.7
4	0114	6.2	19	0147	6.6
	0826	1.3		0923	0.9
TH	1334	6.2	F	1414	6.6
	2043	1.3		2147	0.9
5	0140	6.0	20	0246	6.3
	0859	1.5		1012	1.2
F	1403	6.0	SA	1512	6.3
	2120	1.5		2240	1.2

JUNE

Day	Time	m	Day	Time	m
1	0031	6.3	16	0048	6.8
	0737	1.2		0833	0.6
TH	1250	6.4	F	1312	6.9
	1954	1.2		2055	0.6
2	0056	6.2	17	0139	6.6
	0809	1.3		0919	0.8
F	1317	6.3	SA	1401	6.7
	2029	1.3		2142	0.7
3	0123	6.1	18	0232	6.4
	0844	1.4		1003	1.0
SA	1346	6.2	SU	1452	6.5
	2106	1.4		2229	0.9
4	0156	6.0	19	0326	6.1
	0921	1.5		1049	1.3
SU	1424	6.0	M	1545	6.3
	2146	1.5		2317	1.2
5	0239	5.8	20	0422	5.9
	1002	1.7		1138	1.5
M	1511	5.9	TU	1642	6.0
	2232	1.7			

JULY

Day	Time	m	Day	Time	m
1	0038	6.2	16	0125	6.7
	0755	1.2		0905	0.7
SA	1258	6.4	SU	1343	6.9
	2016	1.1		2126	0.6
2	0106	6.2	17	0209	6.5
	0830	1.3		0943	0.9
SU	1328	6.4	M	1428	6.7
	2053	1.2		2205	0.8
3	0138	6.2	18	0255	6.3
	0906	1.3		1020	1.1
M	1403	6.3	TU	1515	6.4
	2130	1.3		2244	1.2
4	0216	6.1	19	0344	6.0
	0943	1.4		1058	1.5
TU	1444	6.2	W	1604	6.1
	2210	1.4		2327	1.5
5	0302	6.0	20	0438	5.7
	1025	1.6		1143	1.8
W	1535	6.1	TH	1700	5.8
	2257	1.5			

AUGUST

Day	Time	m	Day	Time	m
1	0117	6.4	16	0222	6.4
	0848	1.1		0943	1.2
TU	1340	6.6	W	1441	6.5
	2111	1.0		2205	1.2
2	0153	6.4	17	0306	6.1
	0923	1.2		1012	1.5
W	1419	6.5	TH	1526	6.1
	2147	1.2		2236	1.6
3	0236	6.3	18	0356	5.7
	1001	1.4		1045	1.8
TH	1506	6.3	F	1618	5.7
	2229	1.4		2315	2.0
4	0328	6.0	19	0455	5.4
	1049	1.6		1136	2.2
F	1603	6.0	SA	1721	5.4
	2322	1.6			
5	0436	5.7	20	0020	2.3
	1151	1.8		0603	5.2
SA	1720	5.7	SU	1257	2.4
				1832	5.2

En el Reino Unido las horas que indican las tablas de mareas se refieren a la hora universal (TU), y durante el horario de verano (British Summer Time) hay que sumar una hora más.

Para hallar la altura del agua en cualquier lugar durante la pleamar o la bajamar **hay que sumar la cifra que aparece en la tabla de mareas para ese puerto concreto (o para el Puerto Patrón más cercano) a la profundidad o sonda que indica la carta.**

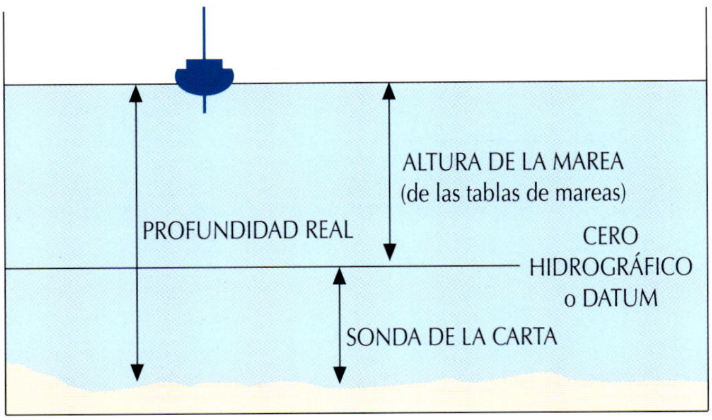

◁ Hay que sumar la altura de la marea que indica la tabla de mareas a la sonda de la carta para hallar la profundidad real.

Si miráis una tabla de mareas, la diferencia de altura entre la pleamar y la bajamar os indicará cuánto sube y baja la marea en cualquier día. Esto se conoce como *flujo* y *reflujo* y es conveniente conocerlo. La palabra técnica es la *amplitud* de la marea.

¿Mareas vivas o mareas muertas?

Las mareas vivas son más altas y más bajas. Las mareas muertas son más pequeñas.

Cuando salgáis a navegar debéis saber siempre si estáis en época de mareas vivas, de mareas muertas o entre ambas. Pues la diferencia puede ser grande.

En la mayoría de las tablas de mareas encontraréis un pequeño símbolo con una luna llena y una luna nueva, que indica los días próximos a mareas vivas. También lo podréis ver por las cifras que señalan la altura de la marea. La cifra más alta corresponde a mareas vivas, y la más baja a mareas muertas.

Los otros puertos

Ya sabemos que los puertos, sobre los que existen datos completos sobre la marea, se conocen como *Puertos Patrones*. Los demás lugares de los cuales no hay información en las tablas de mareas se conocen como *Puertos Secundarios*.

Si observáis esos otros puertos en vuestro almanaque, veréis que las mareas que en ellos tienen lugar toman como referencia el *Puerto Patrón* más cercano. Las listas de estos lugares muestran una *diferencia horaria* que se suma (cuando indica +) o se resta (cuando pone –) a la hora de la pleamar o bajamar en el Puerto Patrón correspondiente. Existen correcciones similares para la altura de la marea.

En la página siguiente vemos un ejemplo.

RAMSGATE
Kent 51° 19'.48N 01°25'.60E

Standard Port DOVER (←)

Times				**Height (metres)**			
High Water		Low Water		MHWS	MHWN	MLWN	MLWS
0000	0600	0100	0700	6.7	5.3	2.0	0.8
1200	1800	1300	1900				
Differences RAMSGATE							
+0020	+0020	-0007	-0007	-1.8	-1.5	-0.8	-0.4

◁ Este extracto del Reeds Nautical Almanac muestra que la información sobre mareas para Ramsgate toma como referencia Dover como Puerto Patrón.

Estas correcciones de la marea no son tan complicadas como pueden parecer en un primer momento.

1. Veréis que hay dos columnas para las horas de pleamar y de bajamar, y las correcciones dependen de la hora del día. Sin embargo, suele haber poca diferencia entre las dos (y no hay ninguna en Ramsgate).
2. La corrección de la altura de la marea tiene también cuatro columnas, y las siglas significan:

MHWS *(Mean high water springs):* pleamar media (PM) de mareas vivas
MHWN *(Mean high water neaps):* pleamar media de mareas muertas
MLWS *(Mean low water springs):* bajamar media de mareas vivas
MLWN *(Mean low water neaps):* bajamar media de mareas muertas

Todo esto indica que la corrección de la altura de la marea será diferente en pleamar y en bajamar, y que las correcciones durante las mareas vivas son diferentes de las correcciones durante las mareas muertas.

Por ejemplo:
Supongamos que necesitáis saber la hora de la PM y la altura de la marea en Ramsgate durante la mañana de un día concreto.

El almanaque nos indica que la información sobre la marea en lo que respecta a Ramsgate tiene como referencia Dover.

Si miramos las tablas de marea de Dover veremos que: la PM tiene lugar a las 1053 (corregida para BST *–British Summer Time–*, el horario de verano en Gran Bretaña) y la altura que indica es de 6,1.

Las cifras también nos señalan que las mareas se aproximan a mareas vivas.

Volviendo a las cifras anteriores relativas a Ramsgate, vemos que la diferencia horaria en HW (pleamar) es + 0020, y que la diferencia de altura en pleamar de mareas vivas (MHWS) es –1.8.

Lo cual nos da:

PM en Dover	*1053*	*6.1*
Diferencia	*+0020*	*–1.8*
PM Ramsgate	*1113*	*4.3*

¿Por qué necesitamos conocer la profundidad exacta del agua?

Como navegantes, os debe preocupar la profundidad del agua que hay debajo de vuestro barco. Y ya estaréis advertidos de que debéis manteneros alejados de rocas y otros peligros más que preocuparos por si hay suficiente agua para pasar por encima.

Pero hay lugares en los que se puede estar con seguridad en aguas relativamente poco profundas, y por este motivo necesitáis comprender las tablas de mareas y saber calcular la altura exacta de la marea.

Por ejemplo, si estáis buscando un lugar donde fondear cerca de la costa, debéis aseguraros de que hay agua suficiente para que el barco pueda estar a flote en bajamar; pero también tenéis que conocer la profundidad que hay en pleamar para poder echar una longitud de cadena suficiente.

Puesto que los puertos cada vez están más llenos, los propietarios de embarcaciones buscan cada vez más los fondeaderos tranquilos y alejados ¡en los que puede haber poca profundidad de agua! O si encontráis un puesto de amarre adecuado junto al espigón del puerto y queréis aseguraros de que sigue habiendo agua suficiente en bajamar para que el barco pueda flotar.

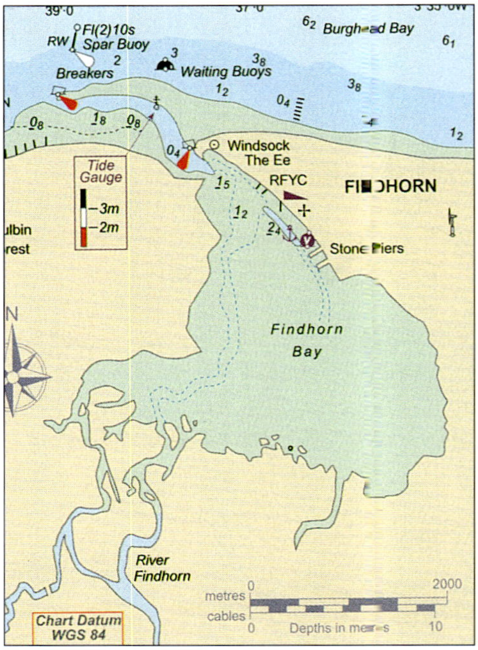

De Reeds Almanac 2003

△ Findhorn en Moray Firth es muy frecuentada por navegantes de recreo, pero sus aguas son poco profundas. Para navegar por la bahía debéis saber en qué fase se encuentra la marea: las horas de la pleamar y bajamar, y la subida y bajada de la marea.

¡Muy poca profundidad!

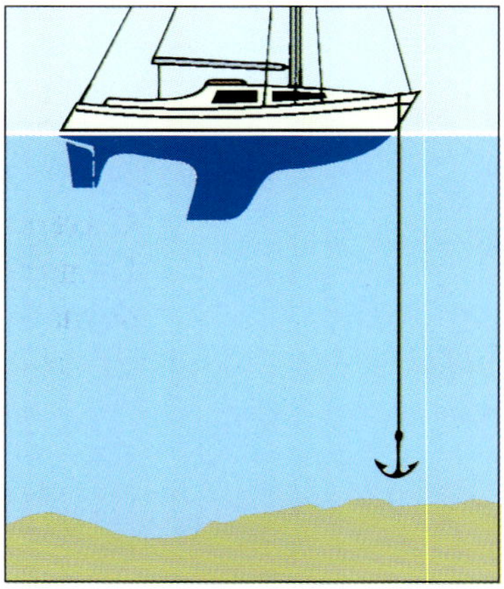

¡Demasiada profundidad!

Por último... Recordad que la situación meteorológica puede afectar a la marea: por ejemplo los vientos continuos procedentes del mar pueden hacer que el agua suba y originar mareas más altas de lo normal. Debéis estar siempre preparados por si la marea no cumple las reglas previstas.

CAPÍTULO 6

Las corrientes de marea

Al igual que la marea sube y baja, existe un movimiento horizontal: la corriente de marea. Después de todo ¡cuando la marea baja el agua tiene que ir a algún lugar!

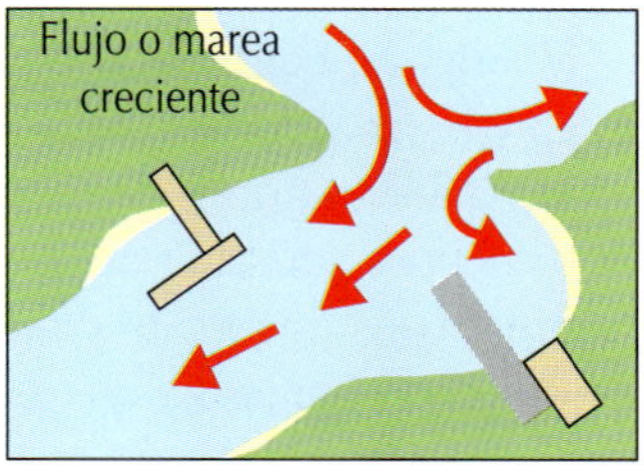

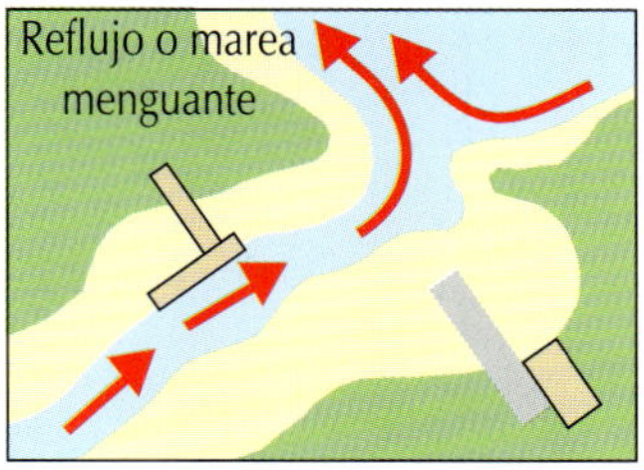

Aunque el efecto de las corrientes de marea es más evidente en los ríos o en las entradas de los puertos, las cartas que aparecen abajo muestran que en el mar abierto también puede producirse una intensa corriente de marea.

- Si hay un gran volumen de agua en movimiento, las corrientes de marea son más fuertes cuando el flujo y el reflujo son más grandes en mareas vivas, y más flojas en mareas muertas.
- Se dice que la marea es *creciente* cuando está subiendo hasta pleamar y, *vaciante* cuando está bajando.
- Al llegar la marea a pleamar o a bajamar existe un período en el cual el movimiento de la marea es muy pequeño, que se conoce como *repunte o marea parada*. Podemos decir que en ese momento la marea es «*floja*».

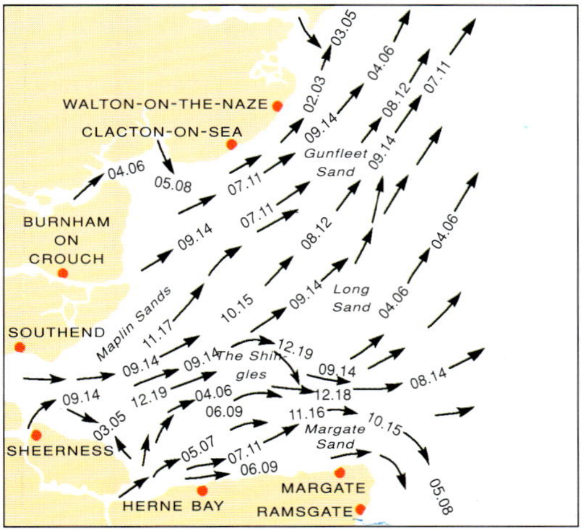

◁ 4 horas después de PM en Sheerness (0525 después de la PM en Dover)

Cartas de corrientes de mareas

La intensidad y la dirección de las corrientes de marea en cualquier zona vienen indicadas en las *cartas de corrientes de mareas*. Podemos encontrarlas en los Atlas de Corrientes del Almirantazgo o bien en los almanaques náuticos. Las cartas normalmente se presentan en series de doce, y hacen referencia a cada hora antes y después de la pleamar en un puerto patrón.

En la página 29 y en esta página se muestran tres de las doce cartas que indican las corrientes de marea en el estuario del Támesis, una zona en la cual la marea es muy fuerte.

Estas cartas toman como referencia la hora de la pleamar en Sheerness, aunque también se indican las cifras correspondientes a Dover.

- Las flechas indican la dirección de la corriente de marea. Por medio de una estimación aproximada se transfiere esta dirección a la dirección del compás.
- La intensidad de la marea suele indicarse por medio de cifras que aparecen junto a las flechas, que nos indican la tasa aproximada en décimas de nudo (por lo que 18 quiere decir 1,8 nudos). La cifra más alta de las dos se refiere a las mareas vivas y la otra a mareas muertas. Es necesario hacer un cálculo entre las dos. La intensidad de la corriente también viene indicada por la longitud y grosor relativos de las flechas.

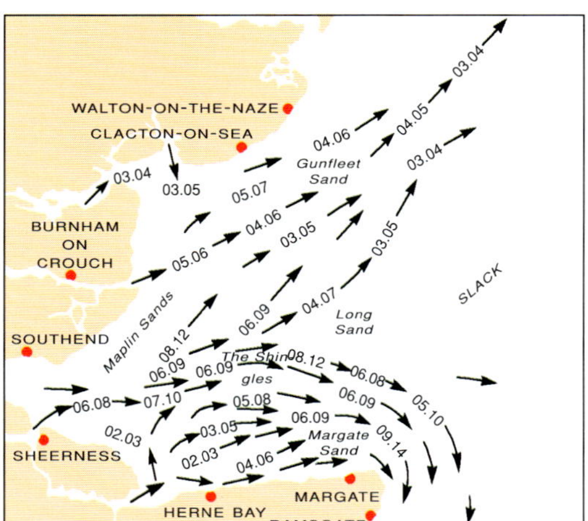

△ 5 horas después de la PM en Sheerness (0600 antes de la PM en Dover)

▷ Para averiguar en qué fase se encuentra la corriente de marea cerca de la situación **A** primero debemos mirar la hora de la pleamar. Calculamos que es 1 hora antes de la PM en Devonport. La tabla indica que su dirección es 035° y su intensidad 0,5 nudos en mareas muertas o 1,2 nudos en mareas vivas.

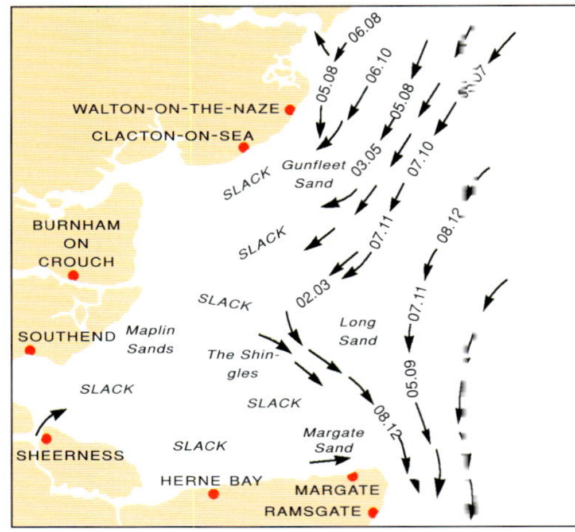

△ 6 horas después de la PM en Sheerness (0500 antes de la PM en Dover)

Por ello la información que aparece en las cartas de corrientes de mareas sólo es una información aproximada.

Información sobre mareas en las cartas

Existe otra manera de señalar las corrientes de marea en determinadas situaciones. Una letra dentro de un rombo ◊A indica una tabla de la carta que da la dirección y la intensidad de la corriente de marea en esa situación concreta. Estas cifras se indican para mareas vivas y mareas muertas y para cada hora en relación con la pleamar en un Puerto Patrón.

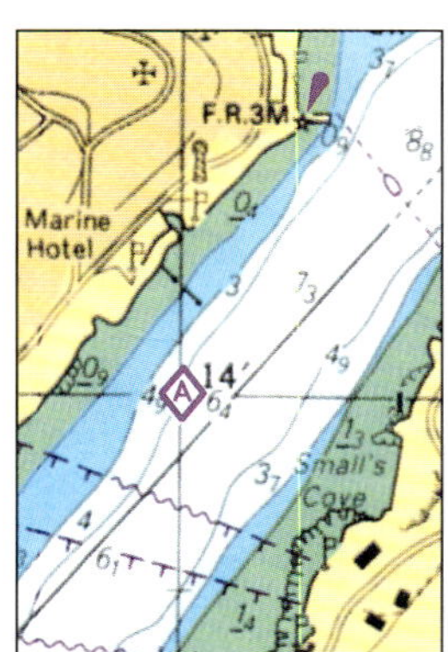

Horas		◊A 50°14´00N 3 46.00W	
Antes de la pleamar	6		0.0 0.0
	5	015	0.2 0.1
	4	027	1.0 0.5
	3	040	1.6 0.7
	2	035	1.6 0.7
	1	035	1.2 0.5
Pleamar		045	0.2 0.1
Después de la pleama	1	21	0.4 0.2
	2	21	1.1 0.5
	3	215	1.9 0.8
	4	219	1.5 0.7
	5	214	0.6 0.3
	6	230	0.1 0.0

△ Rombo que indica la corriente en el puerto de Salcombe. Las alturas de la marea se refieren a la marea en Devonport.

El efecto de la corriente de marea

El efecto de la corriente de marea no es evidente cuando la tenemos en contra o directamente detrás si estamos navegando por un río o por la entrada de un puerto.

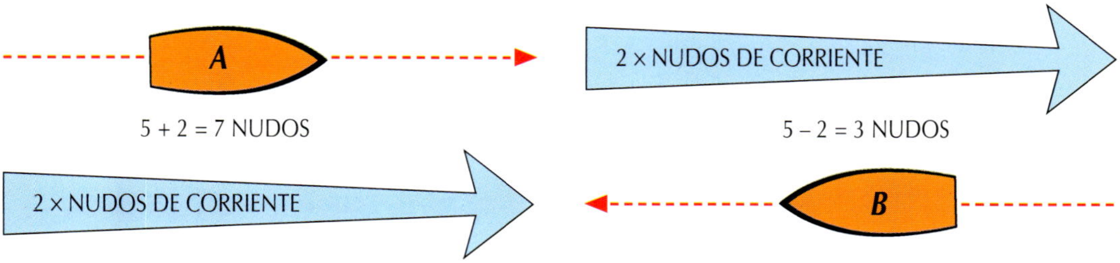

△ El barco A avanza a 5 nudos pero navega con una corriente favorable de 2 nudos, por lo que avanzará a 5 + 2 = 7 nudos sobre el fondo.

△ El barco B también avanza a 5 nudos pero se enfrenta a una corriente contraria de 2 nudos, por lo que avanzará a 5 – 2 = 3 nudos sobre el fondo.

En el ejemplo anterior, el barco A está navegando a motor a 5 nudos y su corredera sólo indica 5 nudos. Pero mirando hacia la costa desde el barco se ve que va más rápido puesto que su velocidad sobre el fondo es de 7 nudos. También podemos decir que está navegando a 7 nudos de *velocidad real.*

Por otro lado, a bordo del barco B la corredera sigue indicando 5 nudos, pero observando la orilla se ve que, debido a la corriente en contra, en realidad está avanzando muy poco. De hecho navega a 3 nudos de *velocidad real.*

Una corriente de marea de través también tiene efectos.

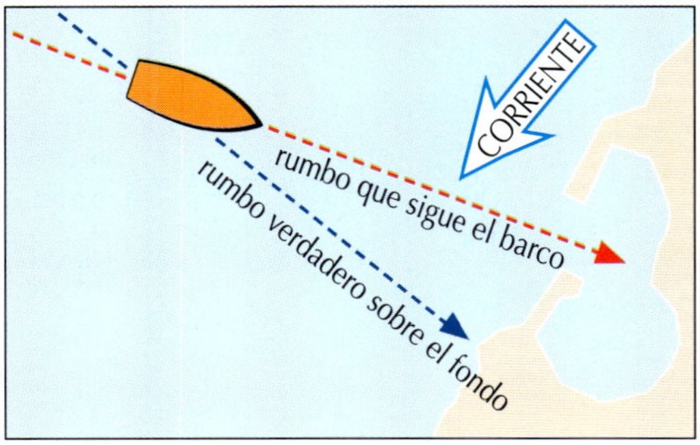

△ Aquí el barco ha arrumbado hacia la bocana del puerto pero ha sido empujado por la corriente.

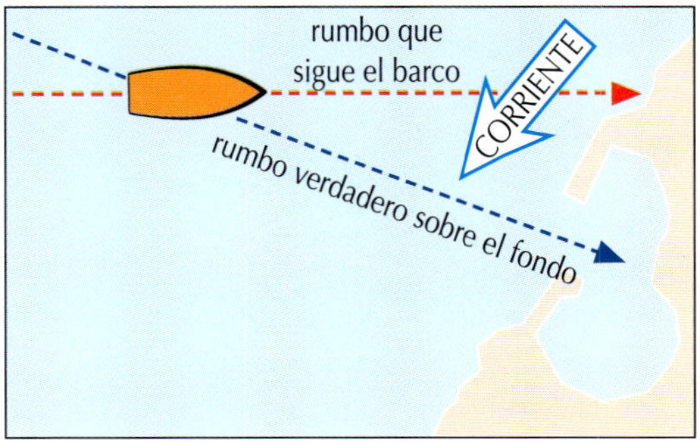

△ Este barco ha seguido un rumbo compensando el efecto de la corriente y ha llegado al lugar donde quería.

En un capítulo posterior aprenderéis a elaborar y trazar una derrota que compense la corriente de marea.

¿En que fase se encuentra la corriente?

Debemos estar siempre al tanto de la dirección de la marea y de cuándo va a cambiar. Debemos utilizar las tablas de mareas y al mismo tiempo mantener los ojos abiertos. Existen señales suficientes a nuestro alrededor que nos indican la acción de la marea.

△ Los barcos fondeados o amarrados a una boya señalan hacia la corriente, y bornean al cambiar la marea a menos que el viento sea fuerte cuando pongan la proa hacia el viento.

△ El movimiento del agua alrededor de una boya también es un buen indicador de la corriente.

△ Repunte o marea parada.

Evitar la corriente o aprovecharla

Conviene estudiar detenidamente las cartas de corrientes de mareas, y averiguar en qué momento será más fuerte y más floja. Existe una gran diferencia para el avance del barco en doblar un cabo con una corriente favorable de 2 nudos o hacerlo con una corriente en contra de 2 nudos.

- En los ríos o las entradas de los puertos, la corriente suele tener mayor velocidad en la parte central que en los lados.
- También puede producirse una contracorriente cerca de la orilla.
- En los repuntes de marea, la corriente puede cambiar con frecuencia cerca de la orilla antes de hacerlo en el centro.
- Debéis aprender a conocer cómo actúan las corrientes de marea en las zonas por donde soléis navegar. La información local siempre resulta útil.

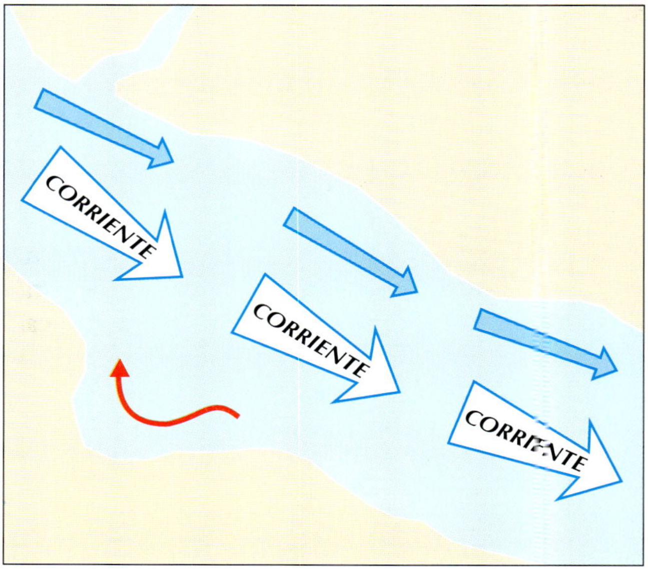

△ Este sencillo dibujo nos muestra que la corriente es más intensa en el centro del canal y más floja junto a la orilla más alejada. Junto a la orilla más cercana se forma una contracorriente que fluye en dirección contraria a la corriente principal.

CAPÍTULO 7

Los instrumentos de navegación

Este breve capítulo se refiere al equipo que el navegante utilizará en casi todos los barcos, aunque ya hemos hablado del instrumento más importante de todos: el compás.

El compás de marcar de mano

Es un artículo fundamental del equipo, que analizaremos más tarde en el capítulo 9 al tratar sobre la toma de demoras.

Las correderas

La corredera sirve para medir la distancia recorrida en la mar.

Existen varias clases y marcas, aunque la parte visible suele ser una pequeña caja electrónica con una pantalla, que normalmente está situada junto a la mesa de cartas. Normalmente existe un repetidor en la bañera. Estos instrumentos, además de la distancia, a veces indican más información como la temperatura.

La corredera funciona por medio de un sensor colocado en el casco. Este sensor puede ser electrónico o bien un dispositivo mecánico como una rueda de paletas.

La corredera velocímetro

En cualquier tipo de corredera, el mismo sensor puede ser utilizado para hacer funcionar una corredera velocímetro, y la misma pantalla puede servir para indicar la velocidad del barco. Pero al navegante le afectan menos las lecturas de la corredera velocímetro que son especialmente útiles a la hora de trimar las velas. Registrando las lecturas de la corredera, tal como debe hacerse, sabréis la distancia que habéis navegado desde la última lectura y podréis averiguar la velocidad.

Las sondas acústicas

La sonda o sondador es probablemente el instrumento más corriente del equipo electrónico de navegación y prácticamente todos los barcos llevan una. En resumen, sirve para medir la profundidad del agua enviando una señal acústica hacia el fondo del mar y midiendo después el tiempo que tarda en ser reflejada y en volver.

El transductor que transmite la señal acústica es una pieza pequeña situada en la parte baja del casco, fuera de la vista.

La sonda mide la profundidad del agua por debajo del transductor. Para averiguar la profundidad real del agua (desde la superficie), tenemos que saber en qué punto del casco está situado el transductor.

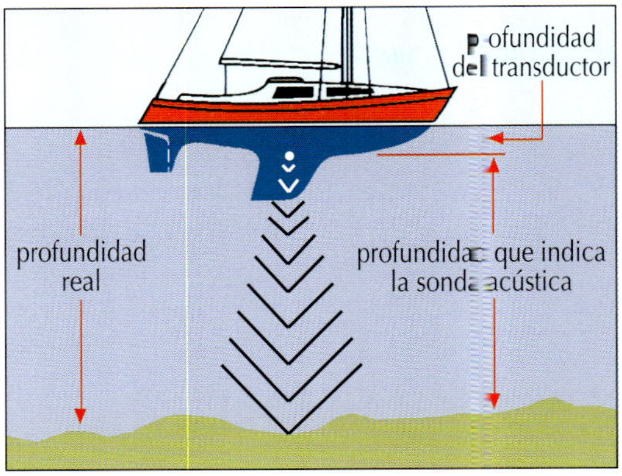

■ No obstante, en la práctica se utiliza la profundidad que indica la sonda. La utilización más importante que hace el navegante de la sonda es a la hora de entrar en puertos y calas poco profundas, y cuando va a fondear.

Los escandallos

Un *escandallo* es, en realidad, sólo un peso colocado en el extremo de un cabo con marcas. Es un sistema eficaz y barato de medir la profundidad, y ¡no tiene averías! Debemos llevar siempre uno a bordo como apoyo de la sonda.

Los escandallos, que se pueden fabricar fácilmente en casa, suelen ser demasiado largos. Por ello, son incómodos de manipular y de guardar. Puesto que normalmente sólo se utiliza el escandallo en aguas poco profundas, un cabo de 10 metros resulta suficiente.

Los prismáticos

Debe haber siempre unos prismáticos a bordo. Son fundamentales para ayudar al navegante a identificar las boyas y otras marcas situadas en el agua o en la costa. ¡El navegante también puede utilizarlos cuando busca desesperadamente un punto para recalar después de realizar una travesía en alta mar!

Al igual que otros instrumentos de navegación, los prismáticos se pueden estropear fácilmente. Las lentes interiores pueden descompensarse si se caen o se golpean. Debemos sujetarlos con un cordón que nos colgaremos del cuello cuando los estemos utilizando y después volver a guardarlos en su caja, o en un lugar especial, sin dejarlos tirados por la cabina.

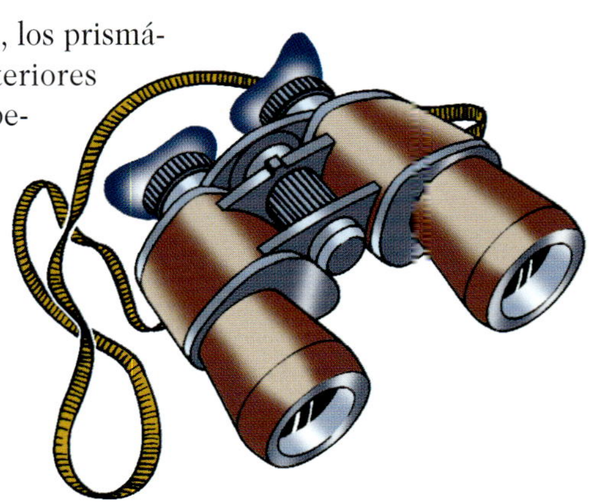

CAPÍTULO 8

Los comienzos

Se dice que navegar es «llevar un barco de un lugar a otro con seguridad y eficacia». Vamos a echar un vistazo al modo de conseguirlo.

Gran parte de lo que se denomina «navegación» se hace de forma visual, utilizando las características de la costa y las señales de navegación (normalmente las boyas). Vamos a poner un ejemplo: las llegadas al Solent desde el Oeste, que resultan familiares para muchos marinos.

Al acercarnos desde alta mar, aparece visible el faro de Needles. La boya roja y blanca de Fairway queda algo alejada, pero desde el Oeste podemos arrumbar directamente a la boya roja de Shingles situada en la entrada del canal de Needles.

Trazamos un rumbo para gobernar, y después entramos en el canal. A poca distancia por la proa aparece la boya cardinal negra y amarilla de Bridge, cuya marca de tope indica que señala un peligro situado al Este, por lo que debemos dejarla por *estribor.*

Después, a una milla de distancia más o menos hay dos boyas cilíndricas rojas de entrada a puerto que indican el Shingles Bank y una boya cónica verde de *estribor*. Enseguida, por el lado de *babor*, aparece otra boya cardinal negra y amarilla, cuya marca de tope indica un peligro al *Oeste*, por lo cual mientras seguimos avanzando por el canal debemos dejar la boya a babor.

En este momento tendremos Hurst Point casi por el través y aquí el canal se ensancha, aunque hay boyas a cada lado.

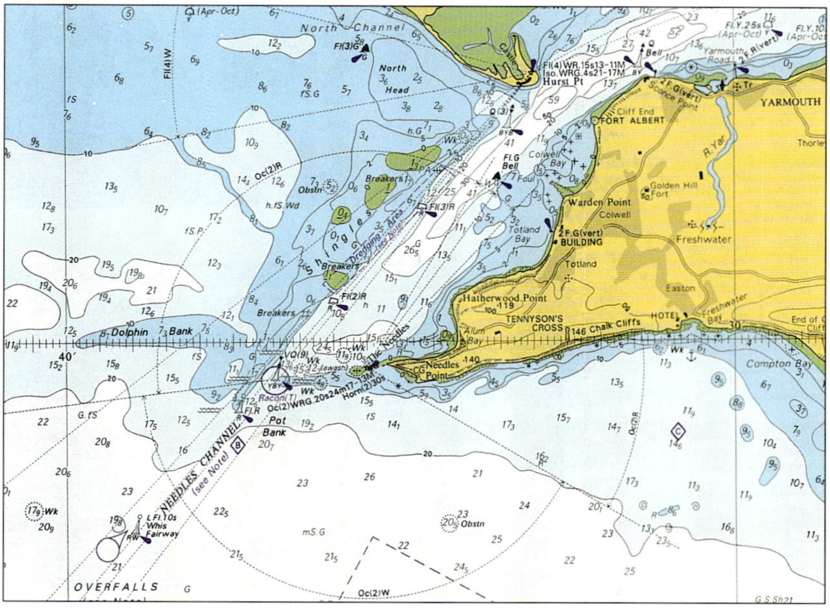

Pilotaje

La corta travesía al Western Solent que acabamos de describir es la clásica navegación que muchos navegantes de recreo realizan la mayor parte del tiempo. Por ello, al navegar hacia la costa, se puede pasar más tiempo haciendo pilotaje que una auténtica navegación; que podríamos decir que comienza cuando no se puede ver la marca siguiente.

Esto no significa que el pilotaje sea algo que pueda tomarse a la ligera. Los barcos pueden encallar y verse envueltos en problemas más a menudo cuando están cerca de la costa, que cuando navegan en mar abierto.

Al navegar «de boya en boya»:

- Debéis seguir estudiando la carta minuciosamente, en particular buscando peligros o bajos que no estén señalizados. A menos que las señales estén situadas muy cerca, hay que trazar un rumbo entre las mismas. Por ejemplo, es lo que habría que hacer en el ejemplo de la página anterior.
- Hay que identificar siempre las boyas y las luces, especialmente las que señalan peligros. Por esta razón os animamos a aprender a reconocer los diferentes tipos de boyas y sus significados. Cada boya tiene un nombre o un número y su color está indicado en la carta por medio de una letra que aparece debajo de la misma.
- Tenéis que saber siempre en qué fase se encuentra la marea, y si hay alguna corriente de marea en la zona por donde estáis navegando. El efecto de una corriente de través es la más fácil de menospreciar. En Western Solent las corrientes pueden ser realmente fuertes.

Ejemplo:

El barco ha decidido gobernar a 035°, y en este rumbo parece que podrá dejar la boya a babor y mantenerse alejado del bajo, pero no ha tenido en cuenta la corriente.

Al acercarse el barco a la boya, el timonel siente la tentación de gobernar para pasarla más cerca por babor y no mira el compás.

Y de este modo, aunque el barco sigue «dejando la boya por babor», está siendo empujado hacia el bajo.

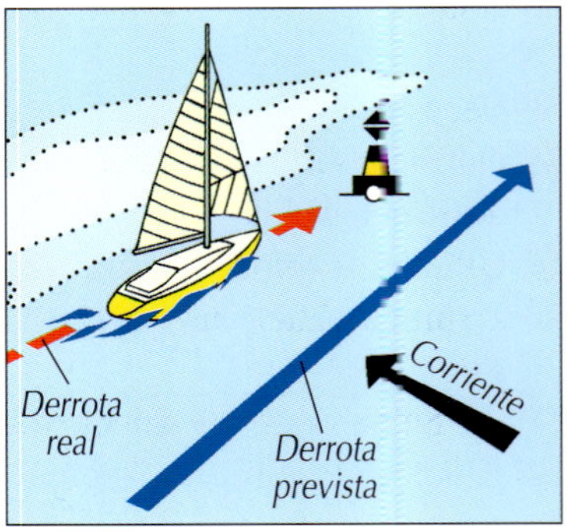

Errores cometidos:

- Nadie ha mirado el Atlas de Corrientes de Mareas ni se ha dado cuenta de que existía una corriente de marea en esa zona.
- El timonel no ha mirado el compás ni ha reparado en que el rumbo que debía hacer para dejar la boya por babor era bastante diferente al 035°, el rumbo ordenado.
- Un vistazo a la sonda, siempre sensible a la proximidad de las aguas poco profundas, hubiera indicado la cercanía de los bajos.

Trazar y seguir un rumbo

Habéis aprendido cómo trazar un rumbo de un punto a otro. Probablemente pensabais que esto no sería necesario en distancias cortas. Pero...

- Supongamos que, mientras navegáis «de boya en boya», os metéis en un banco de niebla y no podéis ver la marca siguiente.
- O, de noche, cuando resulta difícil distinguir la siguiente boya, debido a las luces de la costa.
- O, incluso, si os encontráis en una zona como el Solent o el Estuario del Támesis, donde se ven numerosas boyas, y tenéis que cercioraros de que estáis arrumbando a la boya adecuada.

En estos casos, tenéis que trazar un rumbo hasta la boya siguiente. Y después, seguir ese rumbo hasta que visualicéis la señal y distingáis la boya adecuada. No sólo hay que seguir un rumbo en las distancias largas, sino que también puede resultar conveniente hacerlo al navegar por un canal balizado.

- Cuando veáis la siguiente señal, normalmente será más fácil gobernar hacia ella que seguir un rumbo de compás. Pero, tal como recordábamos en la página anterior, tenéis que estar seguros de que la corriente no os aleja de vuestra derrota.

Saber dónde os encontráis

Aunque parezca evidente, como navegantes siempre tenéis que saber (o intentar saber) dónde os encontráis. Éstas son las razones para ello:

- Necesitáis saber dónde estáis o no estáis en la derrota prevista.
- Quizás queráis comprobar vuestro avance para poder averiguar la hora de llegada a vuestro destino o al siguiente punto.
- Quizás queráis cambiar de planes y arrumbar hacia un objetivo diferente.

Saber dónde os encontráis no suele ser difícil cuando navegáis cerca de la costa o por un canal balizado.

- *Pero el siguiente objetivo es averiguar vuestra situación cuando estáis más alejados en alta mar.*

¡Ya sabéis donde estáis!

Sin duda con un GPS (si lo lleváis) se solucionaría el problema, pero el navegante debe ser capaz de hallar la situación sin la ayuda de instrumentos electrónicos.

La estima

En el capítulo siguiente aprenderéis a hallar la situación trazando demoras de objetos situados en la costa.

Pero antes debéis aprender a trazar la situación por medio de un trabajo básico de navegación, que consiste en averiguar dónde *tendríais que estar*.

Antes de comenzar, recordad que trazar un rumbo en la carta implica conocer el punto de partida; por ejemplo, la entrada a un puerto o la boya situada al final de un canal. Esta situación se suele conocer como *salida*.

Supongamos que en vuestro cuaderno de bitácora pone:

A las 1115 Faro por el través junto a estribor
Corredera 5,3 Rumbo 195°

A las 1200 Corredera 9,5

Hallando la diferencia entre las lecturas de la corredera a las 1115 y 1200, veréis que a las 1200 habréis navegado 4,2 millas. Y que vuestro rumbo ha sido 195°.

... y que vuestra derrota es algo así

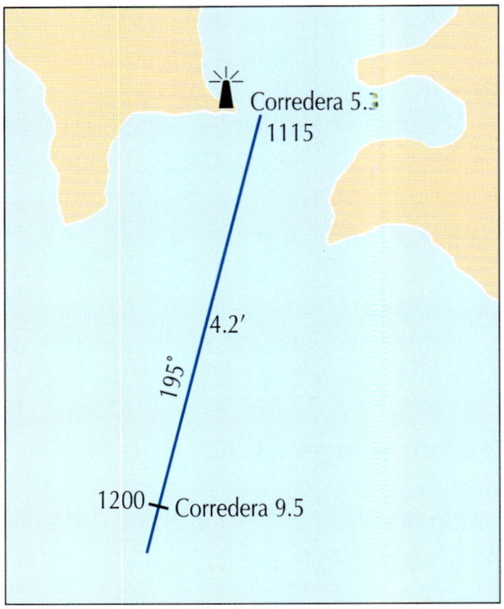

Esta situación en la carta a las 1200 es la situación *estimada o de estima,* conocida también como «1200 DR».

Una situación de estima es sólo una situación calculada, que no tiene en cuenta el efecto de la corriente. Pero siempre es válida si no tenéis nada más. En caso de duda, actualizando la estima averiguaréis dónde *tendríais* que estar, y quizás esa situación no esté muy lejos de donde realmente os encontráis.

Por ello, la estima es una parte fundamental de la navegación. Y resulta una comprobación muy útil (por ejemplo al realizar la navegación con medios electrónicos).

Trazar una serie de situaciones de estima en la carta se conoce como «*llevar la estima*».

Es fundamental llevar el cuaderno de bitácora al día, pues una situación de estima (DR) precisa se basa en las lecturas periódicas de la corredera, las anotaciones de los rumbos seguidos y las horas de cambio de rumbo. Algunos navegantes prefieren anotar las lecturas de la corredera en la carta, pero también deben anotarlas en el cuaderno de bitácora.

El efecto de la corriente

Ya hemos dicho que la estima no tiene en cuenta la corriente.

En el dibujo de la derecha vemos otro sencillo ejemplo, esta vez teniendo en cuenta la corriente. Dejamos una marca de nuevo a las 1115 y gobernamos a 135° hasta las 1200 cuando hacemos una nueva lectura de corredera y trazamos una situación de estima. Hay que tener en cuenta que en ese momento y período el atlas de corrientes de marea indica que la corriente porta al sur a 1 nudo de velocidad. Por ello, en nuestra travesía de 45 minutos deberíamos haber sido empujados 0,75 al sur. Esta distancia se aplica a la situación de estima de las 1200 y obtenemos una situación corregida a las 1200 que ha tenido en cuenta la corriente.

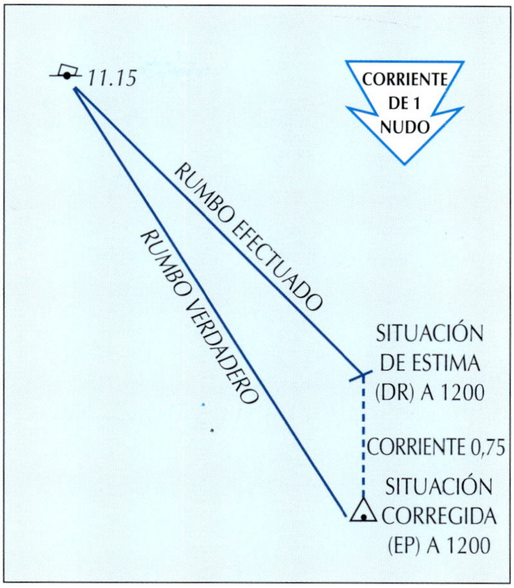

◁ Éste es el símbolo que utilizan los navegantes para indicar una situación corregida.

Tener en cuenta la corriente

En el ejemplo anterior, la situación corregida nos indicaba el cálculo de la distancia que la corriente había alejado el barco de la derrota prevista. Pero, por lo general, es preferible trazar un rumbo que tenga en cuenta el efecto de la corriente, para poder seguir bien la derrota prevista.

En este caso partimos de A y queremos navegar a un rumbo verdadero de 100°. Pero sabemos que hay una corriente de 1 nudo hacia el sur. El barco lleva una velocidad estimada de 5 nudos.

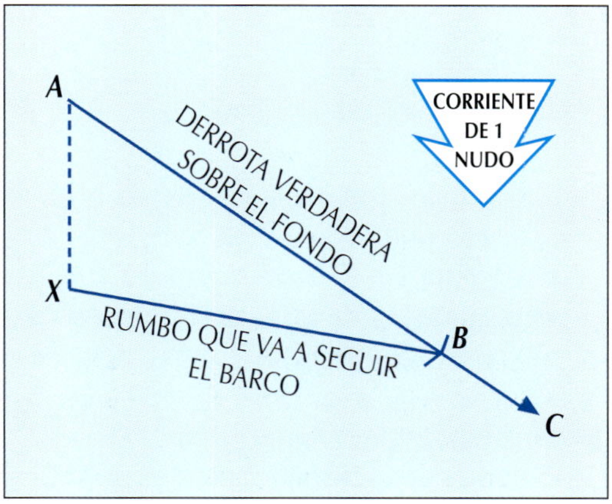

1. Trazamos el rumbo verdadero (AC) (100°).
2. Desde el punto A trazamos una hora de corriente (AX); en este caso 1 milla en dirección 180°.
3. Utilizamos el compás de puntas para medir la distancia que el barco va a recorrer en una hora (5 millas) a partir de X donde coincide con la derrota prevista en B. Después XB (082°) es el rumbo que hay que seguir para hacer un rumbo verdadero de 100°. AB (la distancia navegada en una hora) es la velocidad real.

   Hay que señalar que esta tarea exige que calculemos la velocidad; lo cual no resulta difícil.

CAPÍTULO 9

Hallar la situación

La navegación por estima y las situaciones estimadas pueden ser muy valiosas, aunque sólo son situaciones calculadas o aproximadas. Al navegar a lo largo de la costa el navegante puede hallar (es decir «establecer») su situación trazando las demoras de objetos de la costa con un compás de marcar.

Utilizar un compás o círculo de marcar

Se puede utilizar de diferentes maneras. El objetivo principal de un compás de marcar es tomar demoras de puntos situados en la costa. Pero también puede servir para tomar demoras de otros buques cuando exista riesgo de colisión.

Hay que manejar con cuidado estos compases y, cuando no los estemos utilizando, debemos guardarlos siempre en su sitio.

- Si el compás lleva un cordón, debéis enrollarlo alrededor de la muñeca o del cuello. Hay que tener en cuenta que para tomar una demora exacta tenéis que mirar el objeto de frente.
- Debéis colocaros en una posición cómoda y segura para tomar las demoras. Un buen lugar es de pie junto a la escala de bajada, aunque no está bien bloquear la entrada durante mucho tiempo. Si vais a situaros en cubierta para conseguir una mejor visión, debéis hacerlo en algún lugar cómodo y seguro donde os podáis apoyar.

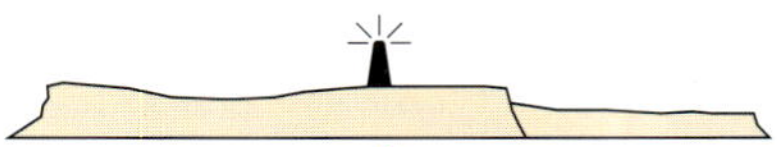

Elegir objetos para tomar demoras

- Deben ser características que podáis ver, y que puedan ser identificadas en la carta. Los mejores son los faros, balizas, edificios destacados, rocas aisladas y los bordes de los promontorios escarpados (aunque no deben ser demasiado altos).
- Para empezar, observad la costa, después mirad la carta y decidid qué objetos vais a utilizar, y anotadlos en una libreta para marcarlos después en la carta. Anotad las demoras según las vais tomando y escribid la hora al lado. Puesto que podréis tomar tres demoras en un minuto, una misma hora vale para todas las demoras.

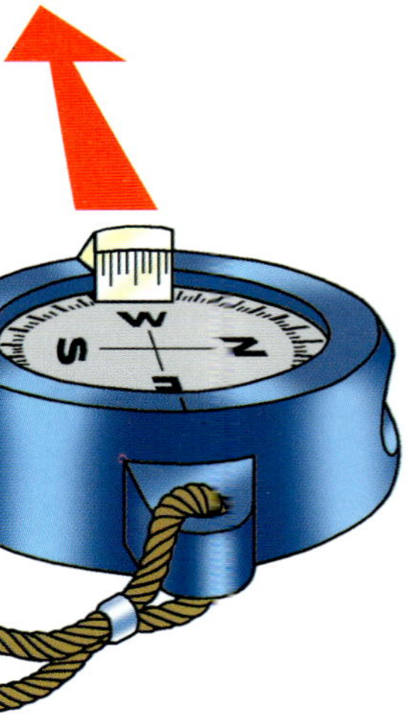

La líneas de posición

Una sola demora de un objeto se conoce como una *línea de posición*. Tiene un valor limitado, porque aunque sabéis que vuestra situación se encuentra en algún punto de dicha línea, no sabéis exactamente dónde. Sin embargo, a veces tener una línea de posición es mejor que no tener nada, y se pueden utilizar.

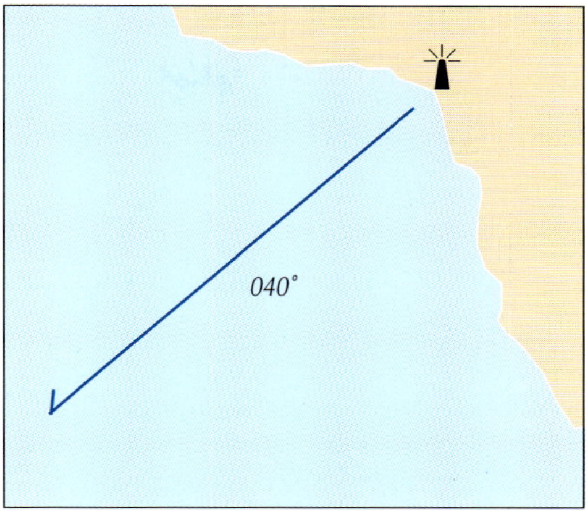

Situaciones

Pero si podéis tomar demoras de *dos* objetos, seréis capaces de hallar la situación. Tendréis una *situación por dos demoras*.

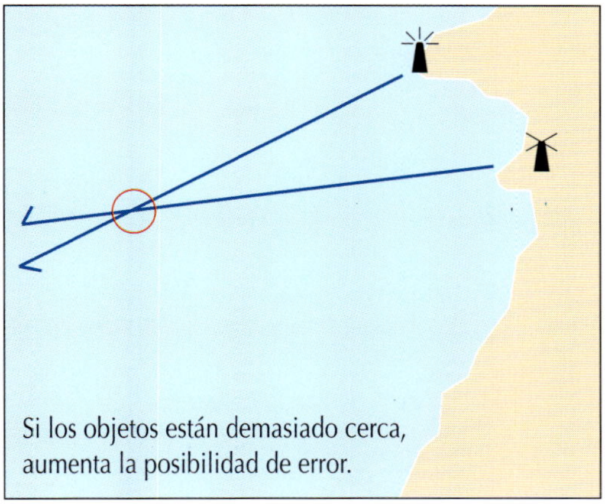

Si los objetos están demasiado cerca, aumenta la posibilidad de error.

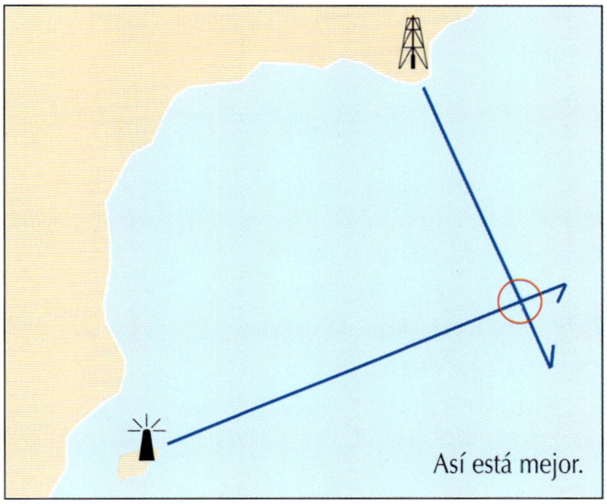

Así está mejor.

Sin embargo, el resultado más preciso se obtiene, al parecer, tomando tres (o más) demoras y en ese caso obtendréis una situación por tres demoras.

De modo que debéis anotar algo así en vuestra libreta:

Faro	002°	
Iglesia	046°	
Estaca	092°	1145

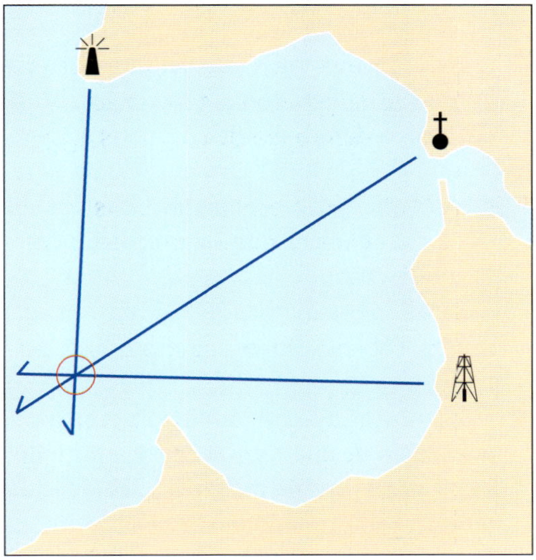

Al anotar las demoras, l< y >l son abreviaturas muy útiles que significan «orilla derecha» y «orilla izquierda» de los cabos, etc.

Triángulos o superficies de posición

Sin embargo, a menos que tengáis suerte (o que lo hagáis muy bien) vuestras demoras no coincidirán completamente en un punto, tal como aparecía en la página anterior. Sino que probablemente consigáis un *triángulo de posición* como éste.

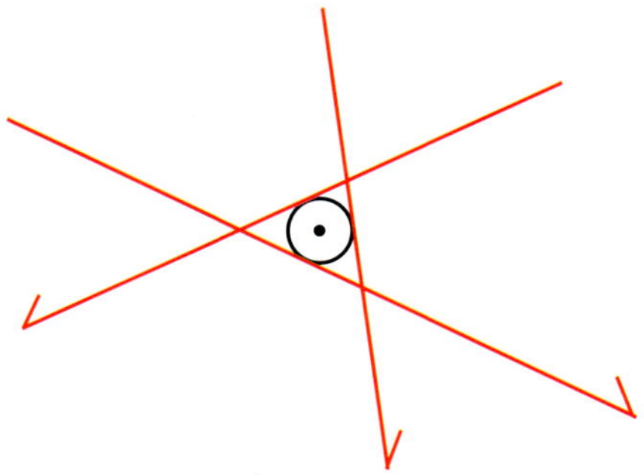

△ Normalmente tomaremos el centro del triángulo de posición como la situación del barco.

▷ Cuanto más grande es el triángulo de posición mayor posibilidad hay de que hayamos cometido un error. Podemos haber tomado mal la demora, o equivocado el objeto de la orilla. Podremos averiguar la demora errónea echando otro vistazo a la misma.

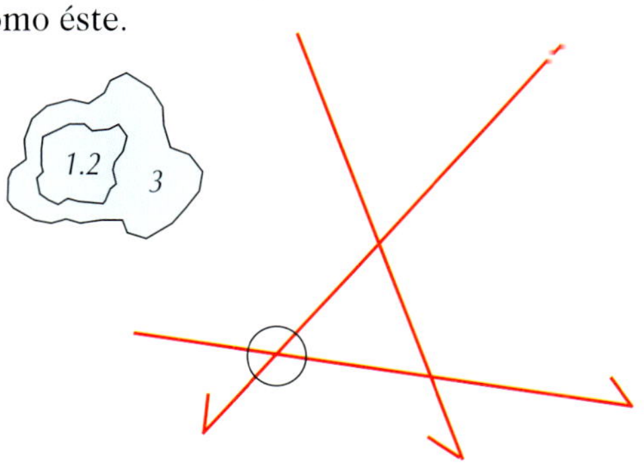

△ A menos que estemos cerca de un peligro y en ese caso tomaremos la «peor» situación, es decir el punto más cercano al peligro.

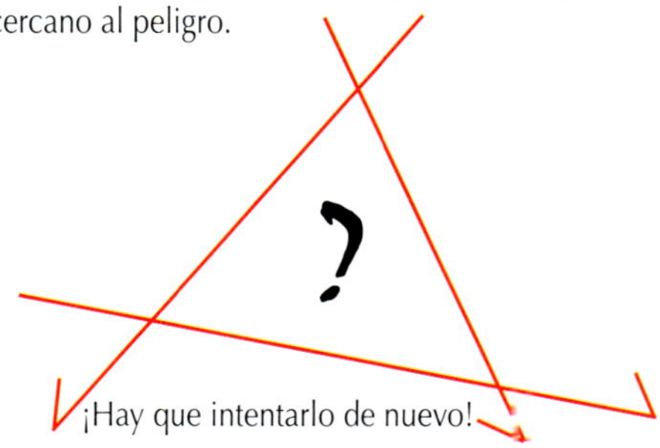

¡Hay que intentarlo de nuevo!

Situación por demoras no simultáneas

Cuando únicamente hay una marca, podemos hallar la situación utilizando la corredera. En este ejemplo, el barco está pasando el cabo mientras navega con rumbo 180º.

- A las 1115 tomamos una demora al faro y la trazamos. También anotamos la lectura de la corredera.
- A las 1135 (dejando un intervalo de tiempo para que la demora cambie y consigamos un corte adecuado) tomamos otra demora y la lectura de la corredera. Aparentemente hemos avanzado 1,4' en nuestro rumbo 180º desde que tomamos la primera demora.
- Trazamos esta segunda demora. Después, por medio de una regla o un transportador avanzamos la primera demora 1,4' en la dirección 180º y obtenemos una situación en la cual se cortan las dos demoras.

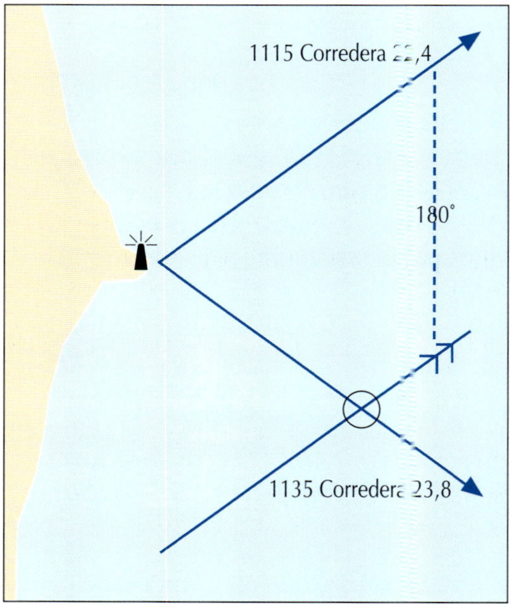

Las enfilaciones

Se dice que dos objetos forman una *enfilación* cuando están alineados. Las enfilaciones pueden ser de gran utilidad para el navegante, y no es necesario utilizar el compás de marcar. Podéis encontrar objetos naturales o edificados que formen una enfilación.

Un par de boyas formando una enfilación se emplean en algunos puertos como guía para entrar. Éstas se conocen como boyas de entrada o luces de entrada y vienen señaladas en las cartas. La baliza o luz posterior siempre es la más alta.

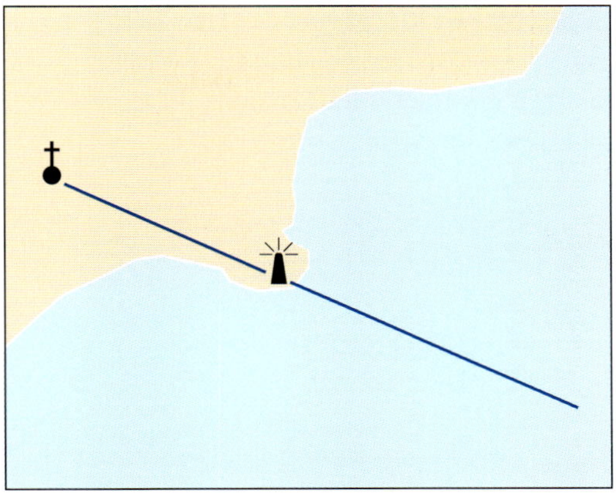

△ Cuando la torre de la iglesia y el faro estén alineados, se dice que forman una enfilación...

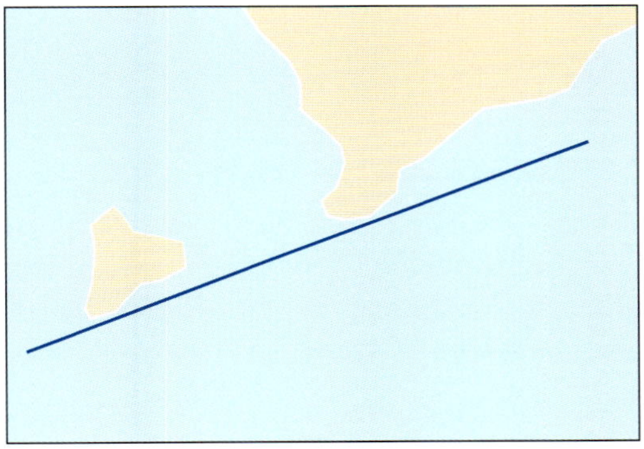

△ ... igual que ésta.

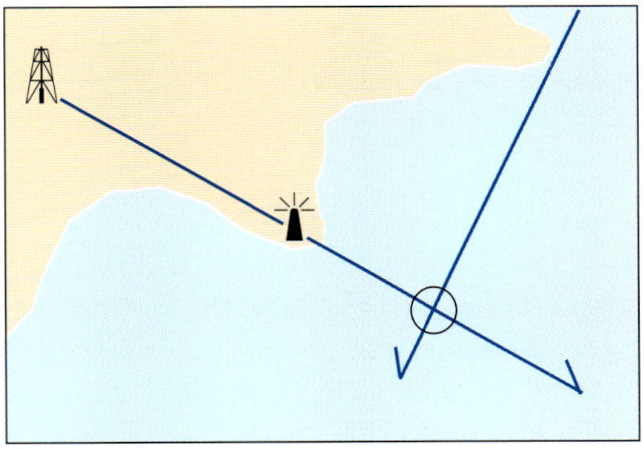

△ Con una enfilación y una demora obtenemos una buena situación.

El rumbo franco

Suele utilizarse más en pilotaje que para hallar la situación, pero también implica la utilización del compás de marcar. Una sola línea de demora puede resultar útil para salvar un peligro, en cuyo caso se denomina *rumbo franco.*

Si navegáis a rumbo 290° y esperáis que el asta de la bandera esté a 025° antes de virar hacia la bahía, salvaréis el bajo. Esto significa que 025 es el ***rumbo franco*** *para evitar el peligro. Y podéis trazarlo con antelación.*

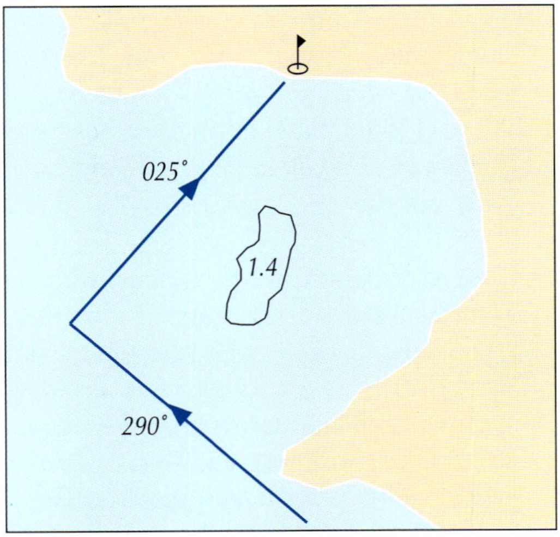

Remontar el viento; dar bordadas o bordos

Hasta ahora hemos trazado los rumbos suponiendo —si navegamos a vela— que el viento es favorable y que podremos gobernar al rumbo necesario. Pero, evidentemente, esto no ocurre siempre.

- Lo normal es que un barco de crucero moderno pueda navegar a vela a 45° del viento. Lo cual significa que «podremos dar bordadas de 90°» y por ello, después de pasar de un bordo al otro, habremos variado el rumbo aproximadamente 90°.

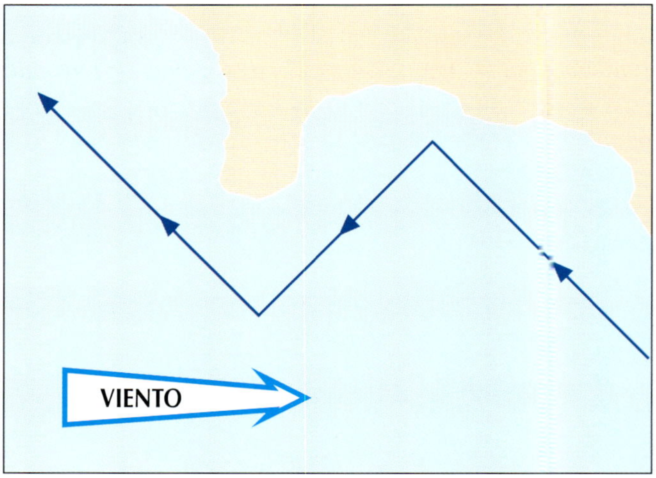

A veces sólo necesitamos una bordada corta para situarnos a barlovento de una marca. Pero cuando la siguiente marca está completamente a barlovento, tendremos que dar varias bordadas. La bordada que os lleva lo más cerca posible de vuestro objetivo se denomina *bordo favorable*.

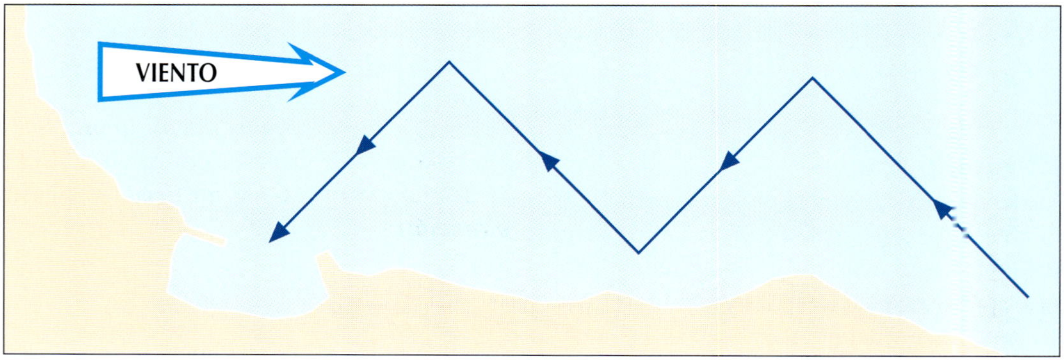

Los barcos de regata suelen dar bordadas con frecuencia, teniendo cuidado de mantenerse en el bordo favorable y controlando los posibles cambios en la dirección del viento. Por lo general, los yates de crucero van más relajados, y siempre que es posible, hacen menos bordadas.

- Corresponde al navegante informar cuándo es el buen momento de virar. Al dar bordadas para salvar una marca, todos solemos ser optimistas y viramos demasiado pronto. La mejor manera de saber cuándo conviene cambiar de bordo es tomando una demora con el compás de marcar.

Una travesía sencilla

Como recordatorio de algunos de los puntos de este capítulo y del anterior, vamos a analizar un tramo de una travesía costera imaginaria pero clásica.

Después de doblar Sandy Point queda una etapa de 12 millas a través de Wide Bay antes de entrar en Oldport. La carta de corrientes de marea indica que la corriente es floja.

Hay niebla y no hay buenas marcas para situarse en Wide Bay, por lo que resulta conveniente trazar una situación de estima (DR) después de pasar Sandy Point.

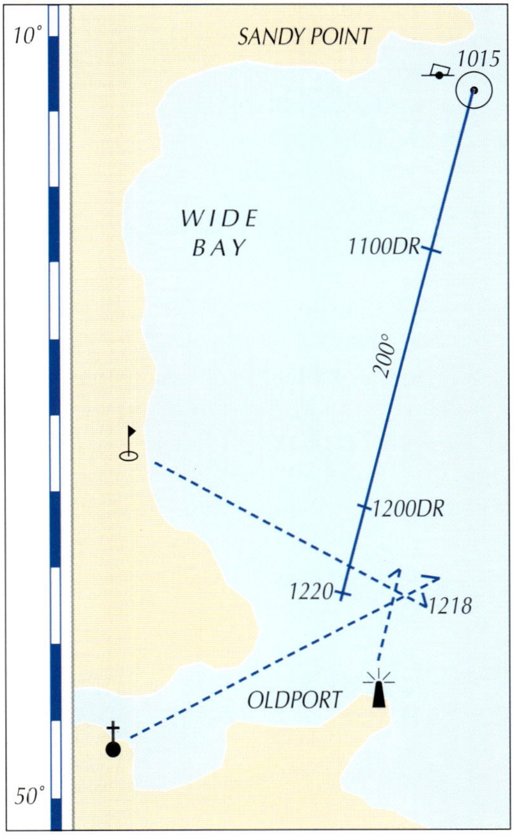

La proximidad a la boya de Sandy Point proporciona una buena situación y una «salida» para cruzar la bahía.

La corredera indica 05,3 y el rumbo se ha modificado a 200º.

A las 1100, la corredera indica 08,8. Hemos navegado 3,5 millas desde que trazamos la situación de estima (DR) a las 1015.

1200. La corredera indica 13,2'. Trazamos una nueva situación de estima (DR).

1218. La visibilidad aumenta. Una situación por tres demoras nos indica que nos encontramos algo más hacia alta mar de nuestra situación de estima (DR). Modificamos el rumbo en dirección a la entrada del puerto.

Nota: *Una vez hallamos obtenido una buena situación, debemos ignorar la estima (DR) y empezar a trabajar desde la nueva situación*.

Este sencillo ejemplo resalta dos cuestiones:

- Sólo había 12 millas de distancia en la bahía, que se podrían haber recorrido sin preocuparse de trazar la situación por estima. Pero, suponiendo que la visibilidad hubiera seguido siendo mala al acercarse a la costa, la situación por estima hubiera resultado muy útil.
- Al acercarse a la costa, una buena demora proporciona inmediatamente una situación desde la cual trabajar.

CAPÍTULO 10

Entrar en puerto

Se ha dicho que «viajar con optimismo es mejor que llegar». Los navegantes raras veces están de acuerdo con esto; sobre todo si está empezando a soplar el viento en alta mar y existe la perspectiva de un buen fondeadero resguardado. El aprendiz de navegante a veces se alegrará de llegar sano y salvo a un puerto desconocido.

Para el navegante de barcos pequeños un «puerto» puede ser cualquier cosa desde un desértico lago escocés hasta una estrecha cala cenagosa, un puerto plagado de rocas en Bretaña o un concurrido puerto comercial. Algunos son de muy fácil acceso, y en otros la llegada puede suponer más de un reto.

La clave para una llegada sosegada a cualquier puerto (a menos que lo conozcáis bien) es hacer los deberes; y buscar toda la información que podáis con anterioridad.

Hay muchos aspectos de un puerto que resultan de interés para un yate que vaya a visitarlo, pero que no afectan al navegante (como si hay posibilidad de conseguir víveres, y saber las instalaciones que hay en tierra). Los factores que importan al navegante de forma especial son:

- *La aproximación al puerto, la embocadura y el modo de hallar la manera de entrar.*
- *La profundidad del agua dentro del puerto (especialmente si es un puerto con marea)*

Hallar la información

Existen tres posibles fuentes de información relacionadas con un puerto, que incluyen el modo de acceder a él y el tipo de instalaciones con que cuenta.

- La primera y más importante es la carta. En el reverso de algunas cartas comerciales se indican datos sobre pilotaje y algunos detalles de las instalaciones de tierra.
- Después están los *almanaques náuticos*. Contienen diferentes tipos de información pero el *Reeds Nautical Almanac* incluye prácticamente todos los puertos de cualquier tamaño del Reino Unido y muchos del noroeste de Europa. Los almanaques locales también tratan sobre los puertos de la zona que abarcan.

- Y luego están los diversos *derroteros* (también llamados *guías de crucero*). Están elaborados por diferentes editoriales y abarcan entre todos la mayoría de las zonas del mundo que suelen frecuentar los navegantes de recreo de crucero. Algunas zonas populares son analizadas por más de un autor. Los derroteros están a la venta en las tiendas de efectos navales y en las librerías náuticas.

Hacer los deberes

Debéis estudiar la carta del puerto cuidadosamente para ver lo que podéis averiguar vosotros solos y después anotar los datos y la información del almanaque y de algún derrotero que tengáis.

Algunas de las características que debéis buscar:

- ¿Puede identificarse fácilmente el lugar al aproximaros? Algunos puertos no son fáciles de reconocer desde alta mar, aunque esto no aparece en las cartas. Las marcas de tierra destacadas pueden serviros, y también las fotos o los dibujos del derrotero.
- ¿Hay algún bajo en la embocadura? Las embocaduras poco profundas abiertas a alta mar pueden ser peligrosas en algunas situaciones meteorológicas. Los libros nos advierten de las entradas peligrosas, y también puede haber avisos en la carta.

  La carta de Aberdovey de la derecha es un buen ejemplo.
- ¿Se puede entrar con cualquier clase de tiempo?
- ¿Se puede entrar en cualquier fase de la marea?
- Una vez dentro del puerto ¿hay suficiente agua para amarrar de costado o para fondear en cualquier fase de la marea?
- ¿Cuáles son las señales de navegación más importantes? ¿Hay señales de entrada?
- ¿Hay algún peligro sin señalizar?
- ¿Es posible entrar de noche? ¿Hay boyas no iluminadas?
- Casi todos los barcos llevan hoy día un aparato de radio VHF, por lo que conviene anotar antes los canales por los que se puede hablar con el personal del puerto para pedir información o asistencia.

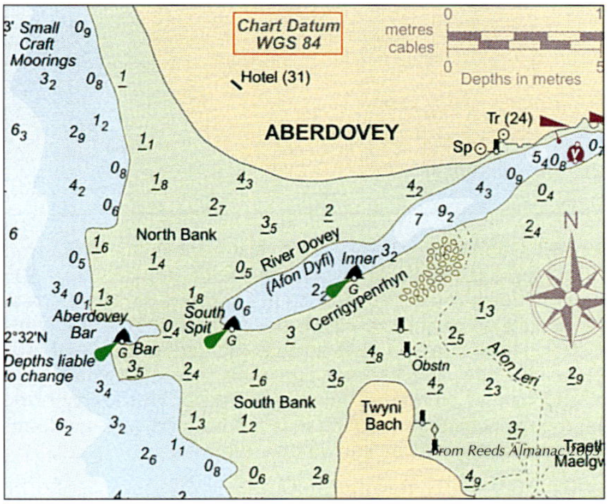

△ El canal de entrada a este puerto está bien señalado, pero la barra situada a lo largo de la bocana indica que resulta complicado y que podría ser peligroso con mal tiempo. El derrotero lo confirma.

La profundidad dentro del puerto

Muchos puertos pequeños bonitos son poco profundos y tendréis que estar «al tanto de la marea». En otras palabras, tendréis que anotar las horas de la pleamar y de la bajamar del día que tengáis pensado visitarlos, así como la subida y bajada del agua de ese mismo día.

Hay veces que podréis arribar a un puerto en un momento concreto en pleamar, por ejemplo para aprovisionaros de combustible o agua o hacer una breve visita a tierra. Pero si tenéis previsto pasar la noche en un puerto con marea, debéis comprobar que si el barco está abarloado en un puesto de amarre, o fondeado, habrá agua suficiente para que pueda permanecer a flote en bajamar; y prever un margen de seguridad razonable.

Información de los almanaques

Este extracto del apartado de Newhaven del *Reeds Nautical Almanac* indica el tipo de información disponible (se emplean numerosas abreviaturas). Hay que destacar el importante aviso sobre las condiciones de la embocadura con vientos fuertes. Otro apartado indica los números de teléfono de los clubes locales, astilleros, tiendas de efectos náuticos, etc.

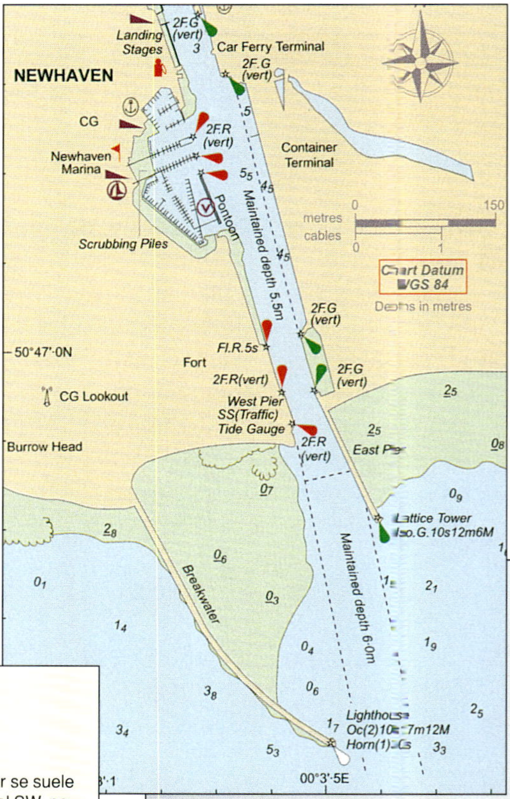

De Reeds Almanac 2003

NEWHAVEN E. Sussex 50°46'.84N 00°03'.53E

RESGUARDO
Bueno en toda clase de tiempo, pero con vientos fuertes del mar se suele formar un oleaje peligroso en la entrada. Conviene llegar desde el SW, pasando a 50 m de distancia de la punta del espigón para evitar las fuertes rompientes en el lado E del canal dragado. En la marina (en su mayor parte dragada hasta 2 m), amarrar dentro del pantalán v (0.0m), entrada en PM + 3½.

NAVEGACIÓN
WPT 50° 46' .24N 00°03'.60E, 168°/348° desde / hacia la luz del espigón W, 0.32M. Precaución: continuamente están encenagando y dragando el puerto. Embarcaciones de ferries y cargueros pueden desplazarse halando de estachas a través del puerto. Cuidado con los ferries que navegan a gran velocidad; comunicaciones por el canal 12 de VHF.

LUCES Y SEÑALES
El faro del rompeolas es visible, lo mismo que el contenedor naranja de una grúa situado enfrente de la marina. Hay señales de tráfico en el lado W de la ría.

▼ sobre ●, o ● = sólo se permite la entrada temporal
● sobre ▼, o ● = sólo se permite la salida
●▼● (vertical), o ● ● ● = prohibida la entrada o la salida
●o● ● (vertical) = se permite la entrada y la salida con precaución de buques de menos de 15 m de eslora total.

Derroteros y guías de crucero

El estilo es diferente según sea el autor y la editorial, pero normalmente están basados en la experiencia de los navegantes de recreo. Estos libros pueden suministrar gran cantidad de detalles, tanto desde el punto de vista de la navegación como de las instalaciones en tierra. Suele haber muchas cartas que, aunque no pretenden sustituir a las cartas de navegación, indican detalles locales con mayor claridad. También están las fotografías aéreas, de gran ayuda para visualizar lo que vemos en la carta.

Y lo más importante de todo, estos libros pueden proporcionar información muy valiosa para entrar en los puertos y fondeaderos más difíciles, y también para realizar travesías costeras.

Ciertamente algunas de estas informaciones se encuentran en los almanaques, pero por lo general las guías de crucero proporcionan más detalles. Y para cualquier navegante, experto o no, pueden ser muy útiles al visitar un puerto o fondeadero por vez primera. También sirven para planificar las travesías.

Como ejemplo, la fotografía de abajo de la *West Country Cruising Companion* de Mark Fischwick (Nautical Data Limited) muestra una vista de los Brisons, dos islotes rocosos que forman una enfilación para pasar Land's End por las cercanías de Longships Light. Ciertamente, sirve para representar los detalles indicados en la carta. Algunas veces este paso sólo se puede abordar con buen tiempo y durante el día.

▽ Marcas del paso de Longships junto a la costa: la cresta más elevada de Brisons separada de la cresta más baja.

Fotografía de Mark Fishwick, West Country Cruising Companion, Publicada por Nautical Data/Yachting Monthly

Aproximación al puerto

- Ya hemos dicho que algunos puertos resultan difíciles de identificar al aproximarnos desde alta mar, y las marcas visibles de la costa constituyen una ayuda.
- Antes de llevar a cabo la aproximación final, y especialmente antes de entrar en aguas poco profundas (hay que echar un vistazo a la sonda) debéis intentar hallar la situación en la carta. Ver una boya en el canal en la aproximación y mantenerse lejos de aguas poco profundas es una comprobación positiva.
- No dudéis nunca en pararos y echar un vistazo. Si no estáis seguros de vuestra situación y de lo que hay en la costa, debéis tomar una buena demora y trazarla en la carta. A partir de ahí podréis trazar un rumbo hacia la embocadura, lo cual es más seguro que hacer adivinaciones.
- Una vez distingáis la entrada, debéis comprobar en la carta que os estáis aproximando en un rumbo seguro. Cualquier señal de entrada será siempre una ayuda.
- Poned en funcionamiento la sonda, y echadle un vistazo.

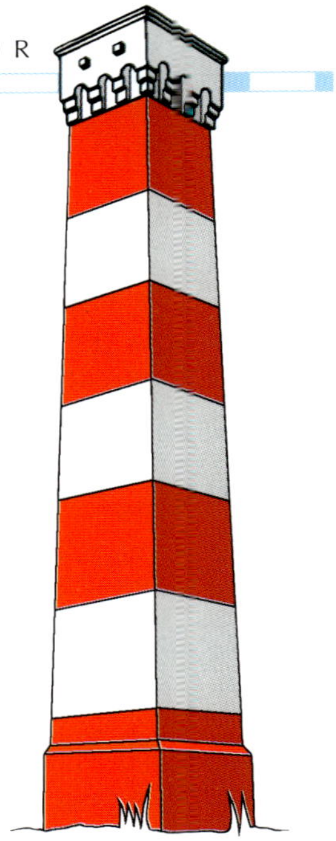

△ La señal diurna de 25 metros de Gribben Head en S. Cornwall no tiene luz, pero sus franjas rojas y blancas constituyen una marca visible para la entrada al puerto de Fowey.

Los puertos comerciales

Los puertos frecuentados por ferries y barcos mercantes suelen tener fácil acceso pues poseen canales de entrada y embocaduras bien señalizadas.

- Aunque no se trata estrictamente de un asunto de navegación, debéis tener los ojos abiertos (a popa y a proa) ante los buques grandes cuando estáis navegando en las cercanías de un puerto comercial. *Y debéis alejaros de ellos*.

Los canales balizados de estos puertos permiten la entrada de embarcaciones de gran calado y se aconseja, en la medida de lo posible, navegar sólo hasta el borde del canal (siempre que hayáis comprobado la profundidad del agua en la carta). De hecho, algunos puertos (por ejemplo, Harwich) tienen un canal específico para los yates fuera del canal principal, y viene señalado en la carta.

- Algunos puertos con mucha actividad y embocaduras estrechas disponen de señales de tráfico que controlan los movimientos de las embarcaciones que entran y que salen. Debéis tener precaución y consultar los detalles en vuestro almanaque.
- El almanaque también os indicará el canal VHF para poneros en contacto con el Capitán de Puerto o las autoridades marítimas.

... tenéis que alejaros de ellos.

CAPÍTULO 11

Preparar las travesías

Incluso «salir a dar una vuelta a vela» requiere cierta planificación, aunque sólo sea anotar la hora de la pleamar para poder saber en qué fase se encuentra la marea. Y una travesía más larga realmente exige un programa.

Quizás este capítulo tendría que haberse titulado «Preparación» porque levar el ancla o lanzar amarras y desatracar sin cierta planificación puede hacer que el día no sea tan agradable como hubiera podido ser.

Para comenzar hay que:

- Anotar las horas de la pleamar y la bajamar, y si es época de mareas vivas o mareas muertas; o entre las dos. Después, hay que comprobar si la marea afecta de manera especial a vuestros planes.
- ¿Hay algún lugar donde las corrientes de mareas sean especialmente fuertes, y donde vuestro programa pueda verse afectado? De hecho, esto podría suceder al salir o al volver a vuestro propio puerto. Véase el apartado *Canales de marea* en este capítulo.
- Comprobar la meteorología y conseguir un boletín actualizado. Esto podría considerarse como responsabilidad del patrón, pero con frecuencia el patrón es el navegante.

(Nota: Aquí estamos tratando sobre navegación. Evidentemente hay otros detalles que el patrón tiene que comprobar antes de zarpar del puerto.)

Travesías más largas

Una travesía hasta otro puerto (a menos que esté muy cerca) requiere realizar ciertas tareas. Hay que empezar por los temas fundamentales:

- ¿Lleváis a bordo las cartas correspondientes, incluyendo un plano a gran escala de los puertos que vais a visitar? (No seréis los primeros navegantes en descubrir en la mitad de una travesía que os falta una carta importante.)

Tomar breves notas en una libreta o en la esquina del cuaderno de bitácora facilita la planificación. Podéis hacerlo del modo siguiente:

3 de julio
Yarmouth – Weymouth 39 millas
PM de Portsmouth 0727
(mareas muertas)
Marea favorable hacia Needles

En St Albans – La marea cambia en sentido contrario a las 1245
Weymouth PM* 1338
BM* 1836
Capitanía de Puerto – canal 12
Información de puerto P/226

* PM = pleamar BM = bajamar
(N. de la T.)

- ¿A qué distancia está? ¿Cuánto tiempo tardaréis en llegar?
- Si navegáis en un barco de motor, ¿lleváis suficiente combustible?
- ¿Qué sabéis del puerto que vais a visitar? Por ejemplo, si os retrasáis, habrá algún problema para entrar de noche? (En el último capítulo tratábamos sobre la información necesaria sobre puertos y dónde encontrarla.)

Ahora echad una ojeada a la carta, y trazad la mejor derrota a vuestro parecer. Es conveniente que anotéis los rumbos y distancias, aunque los rumbos deben comprobarse otra vez cuando estéis en la mar.

- Buscad otra vez peligros como rocas o zonas de bajos cerca del lugar al que tenéis previsto dirigiros, y especialmente aquellos que *no estén señalizados*. Se dice que un peligro *no está señalizado* cuando, aunque aparezca en la carta, no está indicado con una boya u otro tipo de señal de navegación.
- Una vez localizados los peligros, buscad objetos que puedan serviros de ayuda como boyas y luces.
- Comprobad las corrientes de marea en una carta de corrientes de marea, y averiguad si necesitáis dejar algún margen en relación con éstas.

¿A qué distancia hay que pasar?

Al trazar un rumbo a lo largo de la costa, surge siempre la cuestión de la distancia a la que se debe navegar y el margen que hay que dejar al bordear los cabos.

Suele haber más rocas en la zona de los cabos que da al mar abierto, donde a veces se forman los llamados raz de mareas. Éstas originan un oleaje tumultuoso que resulta incómodo para los barcos pequeños. Los raz de mareas siempre están señalados en la carta y a veces puede aparecer un aviso a este respecto. El mar desordenado puede ser visible desde vuestro barco y debéis manteneros alejados de la zona.

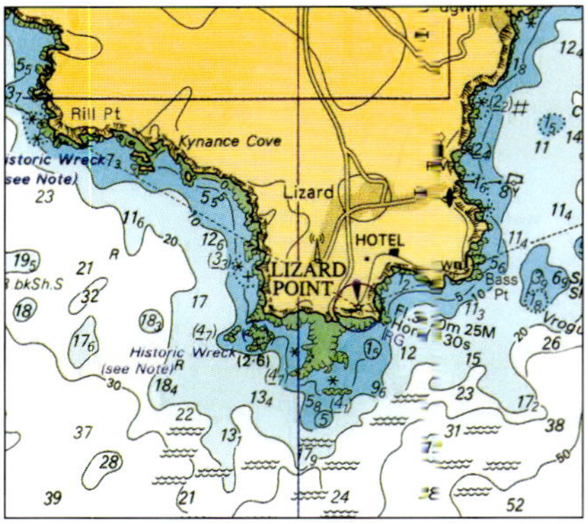

△ Hay algunas rocas enormes a la altura de Lizard Head así como un raz de marea que puede ser peligroso. Es un lugar que hay que considerar con respeto.

Los bajos o aguas poco profundas se suelen extender mar adentro de las puntas o cabos arenosos (esto también ocurre en el caso de los ríos).

Como regla general, debéis manteneros como mínimo a una milla de distancia del peligro que esté más separado de la orilla, a menos que tengáis que alejaros más para evitar un raz de marea o para manteneros alejados de otros peligros. La mala visibilidad, el mal tiempo y un viento que sople hacia la costa son razones suficientes para dar un amplio resguardo a la costa. Siempre podéis acercaros más si las condiciones son favorables y no hay peligros que salvar.

Aguas poco profundas o bajos

Estamos analizando si debéis navegar o no por estas zonas, por lo que vamos a echar otro vistazo a la cuestión de los bajos. Hemos hablado sobre esto brevemente en el capítulo 5 al aprender a hallar la altura exacta de la marea.

Si, por ejemplo, ponéis rumbo hacia una cala resguardada (preferiblemente en marea creciente) y navegáis despacio mirando la sonda, no debéis preocuparos si hay sólo un metro de agua o así, debajo de la quilla, sobre todo si el fondo es de arena o fango.

Pero las zonas de bajos en mar abierto son completamente diferentes y hay que evitarlas, especialmente con mal tiempo. El mar puede romper ahí, originando condiciones peligrosas para los barcos pequeños (con frecuencia hay avisos en la carta). Incluso con la mar en calma, el oleaje puede convertir en peligrosa una zona de bajos.

Lath Rock es un ejemplo de *peligro sin señalizar*. ¿A qué distancia debéis navegar? En términos generales, si estáis seguros de vuestra situación, obtenida quizás con el GPS o con tres demoras, es suficiente con dejar un resguardo de media milla.

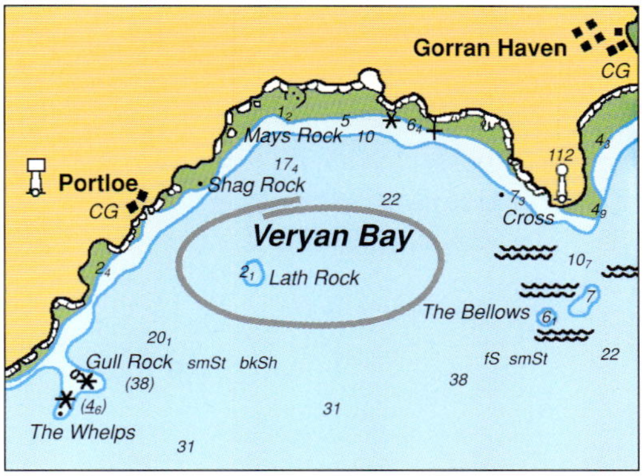

△ Este es el típico lugar del que hay que mantenerse alejados, incluso con buen tiempo. ***Nota***: el trazo circular a lápiz destaca un peligro que de otro modo se podría pasar por alto.

> *Cuanto menos seguros estéis de vuestra situación, más debéis alejaros de los peligros sin señalizar.*

La hora y la marea

Los barcos de vela y algunas embarcaciones a motor son relativamente lentos y las corrientes de marea intensas pueden afectar considerablemente a su avance, y a su programa del día.

Al navegar en crucero, el programa diario suele empezar con «organización» más que con navegación. Por ejemplo, aunque queráis salir enseguida, tenéis que esperar a aprovisionaros de agua potable antes de zarpar del puerto. Y la tripulación también querrá llegar al siguiente puerto antes de que las tiendas cierren, etc.

A veces, evidentemente, el programa está claro. Habéis averiguado la distancia que hay hasta vuestro próximo destino, calculado la velocidad probable y, al parecer, hay poca corriente de la cual preocuparse, por lo que hallar la hora estimada de llegada no resulta ningún problema. Aunque ya sabéis que la velocidad no se puede predecir del todo cuando el barco depende del viento.

Pero, en las proximidades del Reino Unido en particular, vuestra derrota puede llevaros a algún lugar donde la corriente de marea sea muy fuerte. Necesitáis llegar a la hora adecuada. Estos puntos clave se denominan *canales de marea*.

Tener en cuenta la marea

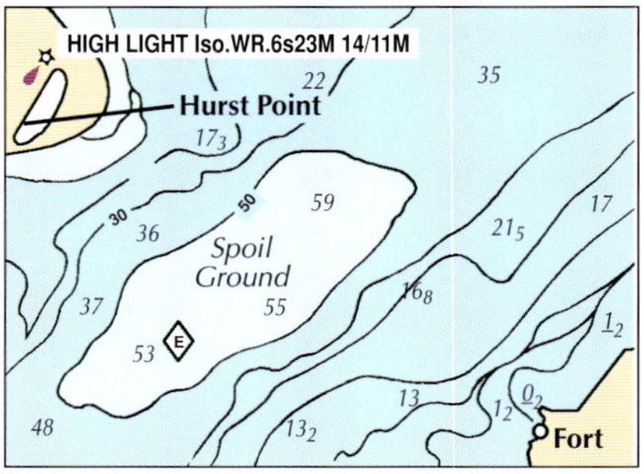

⟨E⟩	⟨E⟩ 50° 42.1N 1° 32.7W		
	Rate *(kn)*		
Hours	Dir	Sp	Np
Before HW 6	049	3.7	1.9
5	063	3.9	1.9
4	065	3.5	1.8
3	067	3.5	1.7
2	064	2.5	1.2
1	253	0.2	0.1
HW	245	2.8	1.4
After HW 1	243	4.0	2.0
2	242	4.4	2.2
3	244	4.4	2.2
4	248	2.2	1.1
5	052	0.8	0.4
6	047	3.3	1.6

Hurst Narrows en West Solent (una zona muy frecuentada por los barcos pequeños) es el típico ejemplo de canal de marea. En el extracto de la carta del Almirantazgo encontraréis el rombo que indica la corriente de marea y la tabla indica que dicha corriente puede alcanzar los 4 nudos en mareas vivas. Por esta razón cualquier barco que pretenda subir y bajar por West Solent –o por cualquier otro canal de marea– lo intentará en los repuntes de marea o con marea favorable, por lo cual es importante que comprobéis la hora estimada de llegada a la zona. *Después de todo, incluso Shakespeare escribió... «hay que aprovechar la marea cuando es favorable».*

> Al contemplar estas zonas, resulta conveniente mencionar el «viento contrario a la corriente». Un viento fresco que sople contra una corriente fuerte puede originar un oleaje desagradable y a veces peligroso. En el canal de Needless, unas cuantas millas al SW de Hurst Narrows, un viento duro del SW al soplar contra una corriente de reflujo de mareas vivas, puede originar condiciones de navegación peligrosas.

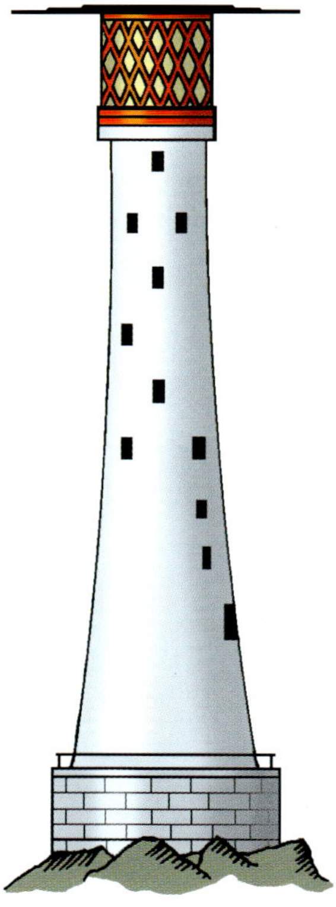

▷ El faro de Eddystone es una espléndida marca para situarse, de noche y de día. Por la noche su luz tiene un alcance de 24 millas. De día, su torre de 41 metros (en la actualidad con una plataforma para helicópteros en la parte alta) permanece aislada en alta mar, y puede verse a gran distancia.

Saber dónde os encontráis

- En las travesías costeras, debéis buscar las marcas que puedan utilizarse para tomar demoras.
- En alta mar (o si la visibilidad es mala) y si no es posible tomar demoras de puntos de la costa, tendréis que llevar una navegación por estima. Debéis comprobar que la corredera funciona para poder hacer lecturas de la misma de forma periódica.
- Señalad el atlas de mareas con las horas correspondientes de la pleamar y estad listos para trazar cualquier efecto de la corriente de la marea en vuestra estima.
- Al aproximaros de nuevo a la costa, buscad marcas en tierra para comprobar vuestra situación.

Incluso aunque utilicéis el GPS es conveniente comprobar vuestra situación tomando una demora a algún punto de la costa, o por medio de la estima si estáis en alta mar.

CAPÍTULO 12

Más información sobre el compás

En el capítulo 3 echábamos un rápido vistazo al compás y a la variación magnética. Ha llegado el momento de añadir más detalles. Puede que no sea un tema fascinante, pero es muy importante comprenderlo.

Rumbo magnético y rumbo verdadero

Vamos a resumir lo que ya hemos tratado.

- En el capítulo 3 conveníamos que el compás magnético señala el norte magnético (al contrario del norte verdadero) y que la diferencia entre el norte verdadero y el norte magnético se conoce como variación magnética.
- Pero, sugeríamos que debíais trabajar únicamente con rumbos y demoras magnéticos, utilizando el círculo interior de la rosa del compás, porque es más práctico y fácil.

Sin embargo, al igual que habéis estado trabajando con rumbos y demoras magnéticos, están los rumbos y demoras verdaderos, y habrá veces en que tendréis que trabajar con ellos. Y al ir progresando como navegantes necesitaréis aprender a convertir los rumbos verdaderos en rumbos magnéticos y viceversa.

Convertir los rumbos magnéticos en verdaderos, o verdaderos en magnéticos

La manera más fácil de hacerlo es utilizando la rosa del compás.

Para pasar de rumbo verdadero a magnético, se coloca una regla encima de la rosa del compás.

- *Alineamos el punto central de la rosa con la demora indicada en el círculo magnético.*
- *El punto en el cual la regla corta el círculo de rumbos verdaderos nos indica el rumbo verdadero correspondiente.*

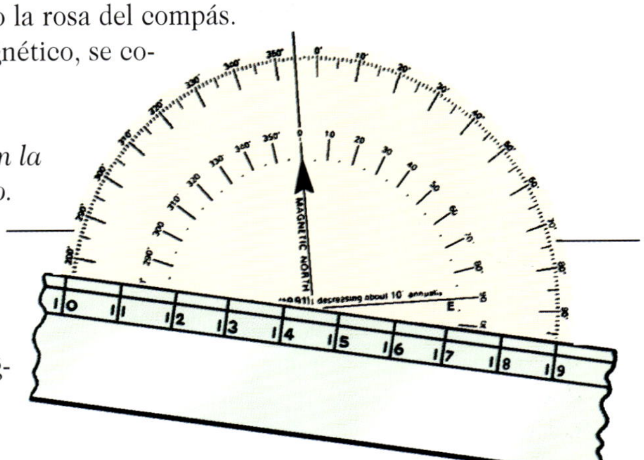

Para convertir un rumbo verdadero en magnético hay que invertir el proceso.

El desvío

Cualquier objeto de metal situado cerca del compás puede influir sobre éste. Antiguamente, uno de los principales riesgos era la navaja del marino, pero, en la actualidad son los teléfonos móviles o las cámaras de fotos con flash electrónico los que pueden perjudicar al compás. Muchas veces la tripulación necesita que se lo recordemos.

Estos artículos son portátiles y podemos mantenerlos alejados del compás, pero la mayoría de los yates tienen una gran pieza metálica —el motor— situada no lejos del compás de gobierno. Y el error que este motor y cualquier otro objeto del casco o del sistema eléctrico produce en el compás se denomina desvío.

- *Desvío* es el ángulo que forma el norte magnético y el norte que indica nuestro compás. Es un error local que se produce en el barco.

- Si el compás señala hacia el este del norte magnético se dice que tiene un desvío al este.

> A diferencia de la variación que es constante sea cual sea nuestro rumbo, el desvío cambia según el rumbo del barco.

El desvío no tiene por qué ser un problema puesto que, en la mayoría de los yates, puede ser eliminado casi por completo.

Pueden colocarse imanes de compensación cerca del compás y éstos normalmente pueden reducir el desvío al mínimo, o incluso eliminarlo.

Puesto que los rumbos de compás raras veces se llevan con la precisión de un par de grados, un grado o dos de desvío no origina un error importante, al menos en distancias cortas. Por este motivo, en la mayoría de los barcos se puede ignorar este desvío.

El proceso de colocar y ajustar los imanes se conoce como *compensar el compás*. Esto lo debe llevar a cabo un profesional, cuando los barcos son nuevos y también después de cualquier remodelación o trabajo en el barco que pueda afectar al compás.

Incluso aunque el desvío sea despreciable, el profesional encargado de compensar el compás elabora una *tabla de desvíos*, que indica el desvío en cada rumbo, y que debemos colocar en la mesa de cartas.

TABLILLA DE DESVÍOS

Barco *Stella Lyra*

Fecha 06.05.98

Rumbo magnético	Desvío	Rumbo de aguja
000	2° E	358
030	2° E	028
060	1°E	059
090	0	090
120	1° W	001
150	1° W	051
180	2° W	182
210	1° W	211
240	0	240
270	0	2700
300	1° E	299
330	1° E	329

Corregir el desvío
Si estáis a bordo de un barco que tiene un desvío que no podéis ignorar, tenéis que tenerlo en cuenta.

Utilizad la vieja regla del marino
Desvío este: compás menos. Hay que *restar* el desvío del rumbo magnético.
Desvío oeste: compás más. Hay que *sumar* el desvío al rumbo magnético.

La regla «CADET»
Convertir rumbos magnéticos en rumbos verdaderos y viceversa es muy fácil utilizando el cálculo. Sólo hay que recordar de qué manera debe aplicarse la variación. La regla antes mencionada «Este – menos» y «oeste – más» también se aplica para la variación o declinación magnética, aunque también podemos utilizar la regla CADET*.

■ Hay que recordar que, en este caso, «de compás o de aguja» significa magnético.

C – AD – ET
Compass to true – add east*

Para pasar de rumbo de *aguja* a rumbo *verdadero* se suma la variación *Este* y se resta la variación *Oeste***.

Para pasar de rumbo verdadero a rumbo de aguja se invierte el proceso, lo que significa que hay que restar la variación Este y sumar la variación Oeste.

* Regla que se utiliza en el Reino Unido y cuyas iniciales corresponden a la frase en inglés «Compass to true – add east». En español, la traducción es «para pasar de rumbo de aguja a rumbo verdadero hay que sumar la declinación Este».
** En España, se utiliza la frase *¿Es más o es menos?»* como recordatorio de que, al pasar de rumbo de aguja a rumbo verdadero hay que sumar la declinación Este al dato proporcionado por el compás, y si es Oeste restarla, estando la respuesta en la misma pregunta. También se emplea la conocida regla *«Del timón a la carta con sumar o restar basta y de la carta al timón, al revés la corrección». (N. de la T.)*

Por ejemplo:

1. Si el rumbo verdadero es 045°, y la variación 5° E, ¿cuál es el rumbo magnético (o de aguja)?

De rumbo verdadero a rumbo de aguja, sumar Oeste; o sea, restar Este. Rumbo de aguja 040°.

2. Si el rumbo magnético (o de aguja) es 130° y la variación 11° E, ¿cuál es el rumbo verdadero?

De rumbo de aguja a rumbo verdadero, sumar Este. El rumbo verdadero es 141°.

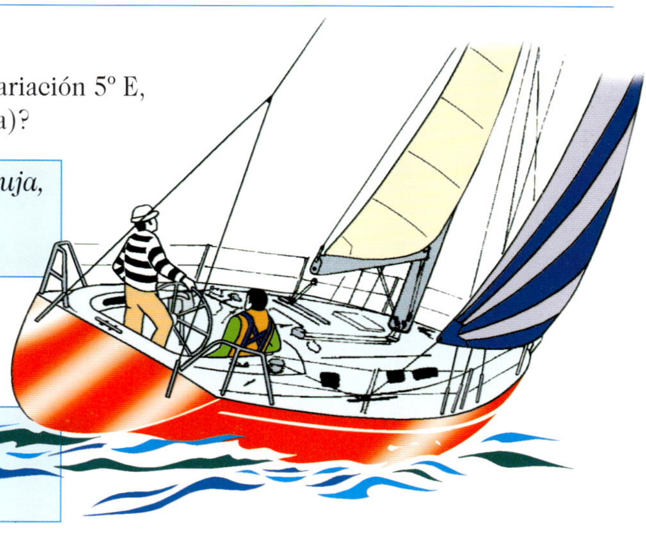

CAPÍTULO 13

Navegar de noche

Incluso aunque no lo hayamos previsto, enseguida nos encontraremos navegando de noche, quizás porque haya caído el viento, o fallado el motor. Por ello, tenemos que ser capaces de enfrentarnos a la navegación nocturna.

Del mismo modo que al principio conviene que evitemos salir con mal tiempo, es mejor practicar la navegación durante el día.

Sin embargo, navegar de noche no es difícil. Y en cierto modo resulta más fácil que hacerlo de día, pues podemos identificar las luces a cierta distancia por medio de sus destellos. De hecho, se dice que el mejor momento para entrar en puerto después de una travesía por alta mar es al amanecer. Habremos podido identificar la costa por medio de una o varias luces en las horas de oscuridad, y ya será de día para encontrar el camino de entrada al puerto.

El momento más complicado una vez de noche puede ser al encontrarnos en una zona muy frecuentada como Solent o los estrechos de Dover. Las luces de la costa, las de los barcos y las luces de destellos de las numerosas boyas, pueden producir cierta confusión, aunque existe una respuesta.

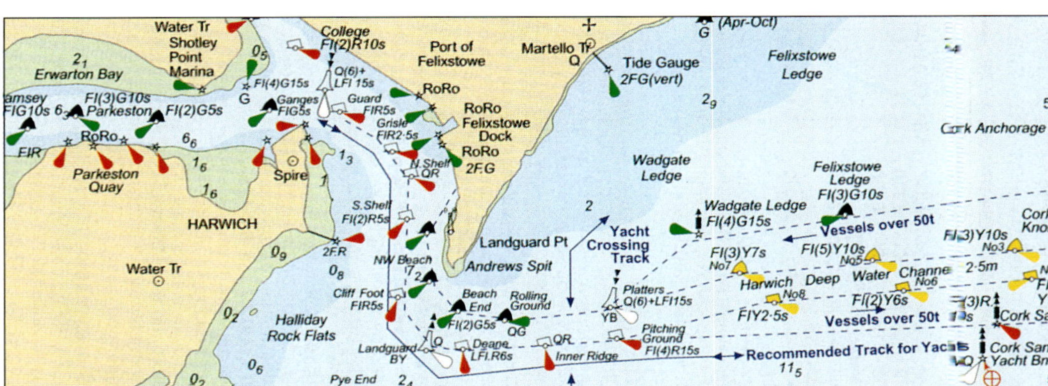

De Reeds Almanac 2003

△ La entrada a Harwich y Felixtowe es una zona que puede parecer complicada por la noche. Hay cerca de treinta boyas luminosas fuera de la embocadura además de las del interior. Suele haber mucho tráfico de barcos mercantes y numerosas luces en la costa. Se destaca la derrota recomendada para las embarcaciones pequeñas fuera del canal destinado a los barcos grandes.

Zonas de tráfico por la noche

Si os encontráis en una situación como la que representa el dibujo de la página anterior frente a Harwich, no os resultará difícil hallar el camino si seguís las reglas siguientes:

1. Aseguraos de que partís de una situación determinada; por ejemplo junto a una boya que hayáis identificado. (¡En caso de duda alumbradla con un reflector y leed el nombre!)

2. Trazad un rumbo hasta vuestro destino, manteniéndoos dentro o cerca de los canales balizados. Evitad los atajos. Anotad los rumbos y distancias entre las señales. Y si es posible, hacedlo antes.

3. Al ir avanzando:
   - identificad las boyas meticulosamente.
   - mantened la derrota del avance del barco, de modo que *en todo momento sepáis dónde os encontráis.*

4. Mantened cierta precaución con respecto a los demás barcos, sin olvidaros de mirar hacia popa.

Y aunque el horizonte tenga un aspecto parecido a Piccadilly Circus, si observáis estas reglas elementales con atención, navegareis con seguridad y facilidad, sobre todo si antes habéis estudiado la carta.

Luces de identificación

Incluso si una luz aparece en el lugar y el momento esperados, debéis comprobar siempre sus destellos (su fase).

*No resulta fácil parar el barco para observar de noche, pero una buena manera de contar los segundos es decir en voz alta**: UNO UNO, DOS DOS, TRES TRES,** etc.*

De modo que si la carta indica que la luz muestra dos destellos cada diez segundos, tenéis que ver dos destellos mientras contáis diez segundos.

La visión nocturna

Al navegar de noche la iluminación del interior del barco debe ser lo más moderada posible. Esto tiene una gran importancia para el navegante, pues si ha estado trabajando en una mesa de cartas con luz, no podrá ver bien al subir a la cubierta. Las mesas de cartas deben tener una iluminación suave en la mar, y hay que apagar o suavizar las luces de la cabina.

Es mejor que el navegante utilice una linterna pequeña de bolsillo (con luz matizada si es posible) para observar la carta.

La luz del compás, que debe ser roja, a veces es demasiado brillante y no resulta cómoda, incluso aunque lleve instalado un regulador. Para solucionarlo podemos aplicar esmalte de uñas rojo en la bombilla.

CAPÍTULO 14

Convertirse en navegantes

Navegar exige el aprendizaje de cierta teoría, aunque tiene que ver bastante con la práctica. Indicamos aquí algunos consejos prácticos para el futuro navegante.

Comprobar el compás

Se dice que «hay que poder confiar siempre en el compás» y es lo que debéis hacer. Estaréis perdidos (literalmente) sin él. De vez en cuando los compases se vuelven locos. Puede ser porque alguien ha guardado la cámara de fotos (con flash electrónico) o el teléfono móvil en un rincón cerca de la bitácora, o porque se ha modificado la instalación eléctrica del barco.

- Debéis aprovechar cualquier oportunidad para comprobar el compás. Incluso una comprobación superficial es mejor que ninguna.

Una manera exacta de hacerlo es comparar el compás de gobierno con el compás de marcar. Lo mejor es que la persona que sujeta el compás de marcar se coloque de pie justo en la popa. Es un método inexacto pero que sirve para mostrar cualquier error grave que pudiera tener.

Otro procedimiento más preciso es alinear el barco con una enfilación cuando exista la oportunidad, por ejemplo, al entrar en un puerto donde haya señales de entrada y leyendo la demora correcta que indica la carta.

Mal tiempo

Si navegáis en barcos pequeños, evitaréis hacerlo con mal tiempo la mayoría de las veces, pero no siempre. Sin embargo, la tarea del navegante sigue siendo la misma con mal tiempo, y puede ser muy incómoda. Por ejemplo, intentar trazar los rumbos en una mesa de cartas pequeña que esté escorada 30º es más complicado que trabajar en la carta en la mesa del comedor de casa. Y si alguna vez os habéis mareado, ya sabréis lo difícil que puede resultar concentrarse cosa que debe hacer el navegante.

De modo que al empezar a navegar, es conveniente evitar el mal tiempo a menos que tengáis un estómago resistente. Permaneced en puerto o dejad que alguien se haga cargo. Y según vayáis adquiriendo experiencia, echad un vistazo a los problemas de navegación con mal tiempo y enfrentaros a ellos. Miles de navegantes lo hacen.

El cuaderno de bitácora

Los navegantes suelen tener ideas muy personales sobre cómo se debe llevar el cuaderno de bitácora. Al principio se puede escribir en un bloc o también en un cuaderno de bitácora especialmente diseñado para este fin.

Aunque a algunos marinos les gusta redactar un cuaderno de bitácora detallado de los cruceros, lo que nos interesa aquí es el cuaderno de bitácora de la navegación. Existe una regla general, aunque no siempre se observa, que indica que debemos ser capaces de trazar perfectamente la situación de un barco a partir de las anotaciones realizadas en el cuaderno de bitácora.

En el capítulo 7 os recordábamos que efectuar anotaciones de forma regular es fundamental para llevar la estima. Y, suponiendo que el navegante pueda necesitar «descansar» durante una larga jornada en la mar, debe recordar a la tripulación que tiene que anotar los datos necesarios en el cuaderno de bitácora, como las horas de los cambios de rumbo y las viradas, junto con la lectura de la corredera en ese momento.

En las travesías, cuando se lleva un rumbo de aguja, hay que indicar al timonel que anote el rumbo que ha sido capaz de llevar realmente (esto es muy importante al navegar en ceñida) y no el rumbo previsto. Esto debe llevarse a cabo al finalizar cada hora.

De: Dartmouth A: Salcombe y Fecha: Junio 24

Hora	Rumbo		Corredera	Observaciones	Viento	Presión
	Ordenado	Efectuado				
08.00				Previsión SE 3-4 Vis. buena		1003
8.35				Salida del muelle		
08.42				Boya de Homestead por el través. Rumbo 175°	SSE3	
09.20	175°		04,2	Boya de Sterries por el través a estribor. 5 millas C/R 200°		
10.05	200°	205°	08,3	Luz de Start Point demora 270° C/R 245°		
10.45	270°		12,4	Luz de Pawle Point demora 355° C/R 320°		
11.25			15,4	Entrada al puerto de Salcombe		
11.50			16,7	Amarramos enfrente del Salcombe Y.C.		

Fecha: .... Distancia recorrida: 16.7 Horas de funcionamiento del motor: 1.2 Remanente de combustible: 4 galones

△ Estos son los detalles que conviene anotar en el cuaderno de bitácora. Siempre hay que incluir la información meteorológica. C/A significa cambio de rumbo.

* C/R Cambio de rumbo Y.C. Club de Yates. *(N. de la T.)*

El rumbo correcto

Cuando ordenéis al timonel que lleve un rumbo determinado, debéis insistir (de forma educada) que lo repita, para saber si lo ha entendido bien. Muchos marinos hacen esto por costumbre, pues a veces pueden producirse errores de interpretación.

Mantener actualizadas las cartas

Puede resultar difícil de entender por qué hay que actualizar las cartas, y por qué de vez en cuando se publican ediciones nuevas. Después de todo, ni Needles, ni Land's End se mueven. Pero en zonas de aguas poco profundas, como el estuario del Támesis, la situación de los bancos de arena puede cambiar realmente, y esto significa que también hay que cambiar las boyas.

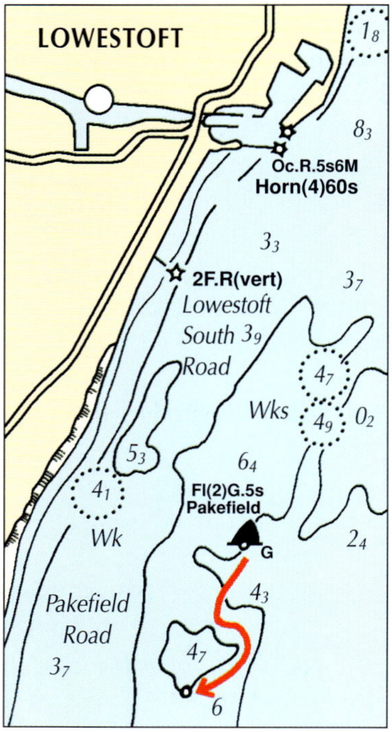

Este extracto de la carta que indica las aproximaciones a Lowesoft ha sido corregido y muestra dos boyas que han sido desplazadas más de media milla debido al movimiento de los bancos de arena. Esta corrección fue publicada hace varios años, pero constituye un buen ejemplo.

Si hubierais realizado la aproximación a Lowesoft con una carta antigua o sin corregir, en el mejor de los casos hubierais sentido cierta confusión. Pero por la noche, o con mal tiempo, podríais haber encallado y encontraros en graves apuros.

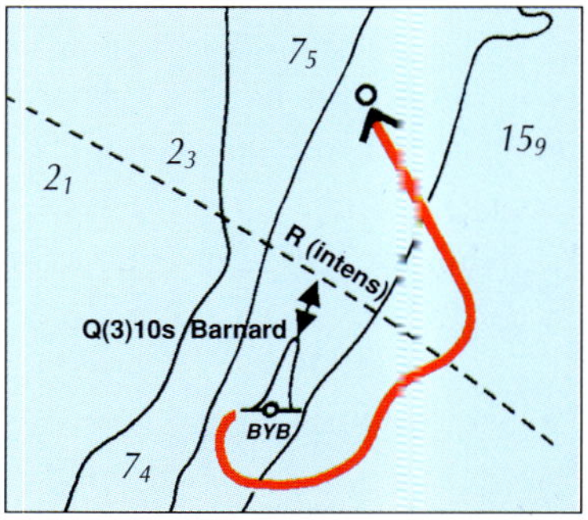

Los nuevos emplazamientos de las boyas una vez corregida la carta.

También pueden producirse otros cambios. Por ejemplo, si se ha construido una nueva marina o un espigón en un puerto. También en algunas zonas, obstáculos como las piscifactorías o las plataformas petrolíferas pueden desplazarse. Todo esto resulta confuso para el navegante si no encuentra los cambios en la carta. Por lo general, se publican nuevas ediciones actualizadas de las Cartas de Recreo todos los años, pero las correcciones que deben realizarse en las cartas del Almirantazgo se pueden conseguir de forma gratuita en Internet (www.nmwebsearch.com). Sin embargo, las correcciones a las Cartas de Navegación de Recreo deben hacer referencia al número de la carta estándar del Almirantazgo en la cual se basa la Carta de Navegación de Recreo. Esto viene indicado en la esquina inferior izquierda de la misma.

Otra fuente adecuada de correcciones en las cartas del Reino Unido es la revista *Practical Boat Owner*. También existen correcciones periódicas a las cartas comerciales, cuyos detalles se indican en las mismas.

- Cuando utilicéis una carta de otra persona, debéis mirar la fecha de la carta o la fecha de la última corrección (normalmente en la esquina inferior izquierda de la misma). Tened cuidado si son antiguas y no están corregidas.

> No hay duda de que podéis zarpar con cartas antiguas o sin corregir, ¡por una vez! Pero se puede producir un momento desagradable al descubrir que vuestra carta no está actualizada.

Cuidar las cartas

Las cartas son caras y hay que cuidarlas. Las cartas del Almirantazgo vienen extendidas, normalmente plegadas en dos partes, aunque en un principio pueden estar enrolladas. Hay que desenrollarlas y mantenerlas planas. A bordo, si no hay espacio suficiente para colocar un cajón debajo de la mesa de cartas, otro lugar adecuado es debajo de la colchoneta de alguna litera.

Las cartas de los Folios de Navegación de Recreo del Almirantazgo vienen extendidas, pero hay otro tipo de cartas que están plegadas como si fueran un mapa de carreteras. Debéis tener cuidado y plegarlas siempre de la misma manera una vez hayáis terminado de usarlas.

Debéis utilizar un lápiz blando 2B para escribir en la carta y una goma blanda de buena calidad para borrar las derrotas y anotaciones antiguas antes de guardar las cartas, a menos que exista alguna razón para conservarlas. Si las dejáis en la carta será fácil equivocaros y tomar las anotaciones antiguas por nuevas.

Comprobar... y volver a comprobar

Ya os hemos recordado que comprobéis la identidad de las boyas y señales según las vayáis pasando. Y esto no sólo debéis hacerlo al navegar por un canal balizado.

Por ejemplo, suponed que estáis navegando por una zona en la que hay muchas boyas, pero están separadas y alejadas unas de otras, como en algunas partes de la Costa Este.

Os agradará ver que la siguiente señal aparece en el momento previsto y en el lugar oportuno. ¡Bien! Pero no olvidéis sacar los prismáticos y comprobar el nombre y el número de la boya, porque —algunas veces— no será la boya que estabais esperando. Quizás la corriente ha sido más fuerte de lo previsto. Si esto os ocurre alguna vez, debéis intentar averiguar qué es lo que ha originado el error, para que no se vuelva a producir.

Pero comprobar es algo más que identificar las señales.

- *«¿He mirado el día correcto en las tablas de mareas?»*
- *«¿He trazado el rumbo bien en la carta?»*
- *«¿Es correcta la hora estimada de llegada a la siguiente señal?»*

Esto no quiere decir que debáis empezar a navegar en un permanente estado de vacilación. Pero nunca viene mal realizar comprobaciones. Es fácil equivocarse, y realizar comprobaciones no significa una falta de seguridad. Cualquier compañía de seguros marítimos os contará relatos de navegantes —con más experiencia que vosotros— que *no* hicieron comprobaciones.

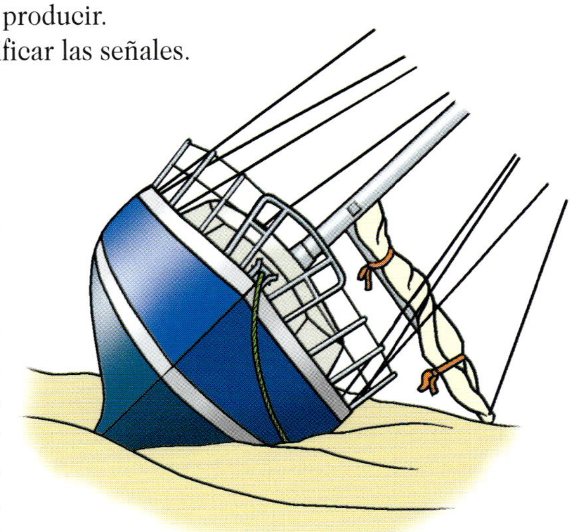

△ ¿Un navegante que no realizó comprobaciones?

CAPÍTULO 15

Navegación electrónica

La navegación electrónica —especialmente el uso del GPS— está extendiéndose tanto que resulta fundamental conocer algo sobre este instrumento, y cómo afecta a la navegación en barcos pequeños.

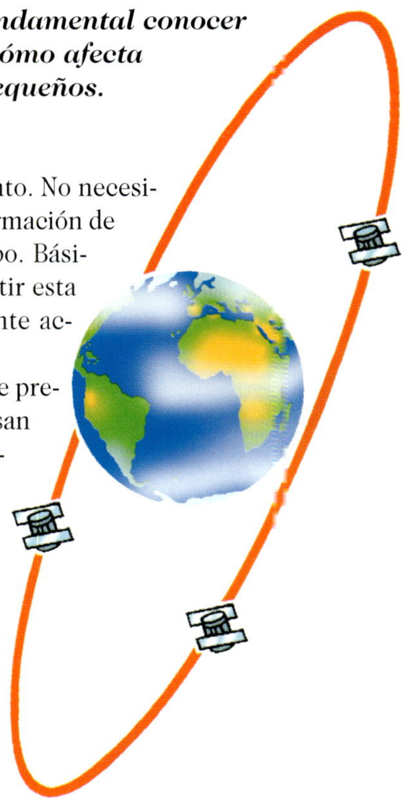

¿Qué es el GPS?

Las iniciales quieren decir Sistema Global de Posicionamiento. No necesitáis conocer los detalles técnicos, pero el GPS obtiene la información de una serie de satélites que están en órbita alrededor del globo. Básicamente, la función del GPS en una embarcación es convertir esta información y presentarla como la situación constantemente actualizada del barco.

Existen aparatos GPS portátiles que son enormemente precisos y que también se pueden utilizar en tierra. A bordo se usan equipos fijos más grandes con una antena independiente instalada en la popa. Este equipamiento permite que el GPS esté conectado a otros aparatos electrónicos.

> En una palabra, los equipos electrónicos de navegación pueden ser una gran ayuda para el navegante, especialmente cuando está lejos de la costa. Pero deben ser utilizados de manera sensata, y como parte de la navegación habitual.

Los waypoints o puntos de paso

Antes de seguir analizando el GPS, es fundamental que comprendáis el significado de *waypoint*, una palabra de gran importancia para la navegación electrónica. De un modo sencillo, diremos que un waypoint es cualquier punto por el que se quiere pasar al realizar una travesía, aunque también puede ser un punto de referencia. Puede ser la boya, a partir de la cual comenzáis vuestra singladura, la entrada a puerto, donde la terminéis, un punto concreto frente a un cabo en el cual tenéis previsto modificar el rumbo, o cualquier otro punto que adoptéis como referencia, a lo largo de vuestra derrota o cerca de la misma.

La latitud y la longitud de los waypoints elegidos se introduce en el GPS. Esto hay que hacerlo con un gran cuidado pues cualquier error en este momento originaría un desastre en vuestra navegación.

Es decir, que la navegación por medio de waypoints consiste en utilizar el GPS para hallar el camino desde un waypoint a otro, y planificar una travesía implica programar los waypoints por los que queréis pasar.

Más información sobre el GPS

El modo de funcionamiento de un GPS y, en cierta medida, la cantidad de información que nos proporciona, varía según las marcas. Además de la situación del barco en latitud y longitud, el GPS puede indicar la demora y la distancia al siguiente *waypoint*, o a cualquier otro *waypoint*, el rumbo y la velocidad real sobre el fondo.

Si hemos introducido una derrota en el GPS entre dos waypoints, también nos puede avisar de la desviación en la derrota; es decir, indicarnos la distancia que nos hemos alejado de la derrota prevista entre las dos situaciones. Todo esto puede resultar muy útil para el navegante que intenta compensar el efecto que tiene la corriente de marea sobre el avance del barco.

▷ Los aparatos GPS de mano son cada vez más populares.

El GPS y el navegante inexperto

Sería ridículo sugerir que el uso del GPS no es una parte importante de la navegación en barcos pequeños. Pero también sería equivocado que el futuro navegante pensara: «Bueno, ya que tengo un GPS no necesito saber mucho sobre navegación tradicional».

- Al principio, para utilizar eficazmente el GPS es necesario poseer unos conocimientos básicos sobre navegación.
- Para navegar con seguridad, la situación del barco no debe representarse por medio de cifras en una pantalla, sino por esas mismas cifras correctamente trazadas en la carta.
- El GPS es un aparato muy preciso y por lo general fiable, pero no es infalible. Es recomendable realizar comparaciones periódicas entre la situación que nos da el GPS y la situación de estima. La potencia eléctrica puede fallar, por lo que será necesario realizar una segunda comprobación.
- Cerca de la costa y con buena visibilidad, el lugar del navegante está en cubierta llevando la navegación por medio de las marcas visibles, más que sentado junto a la mesa de cartas.

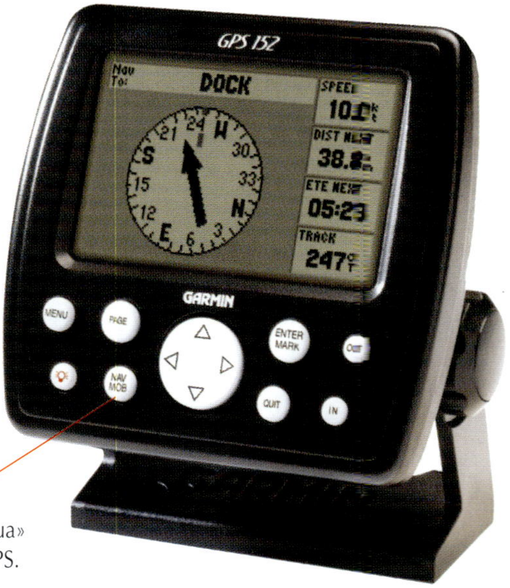

Hombre al agua

Algunos receptores de navegación disponen de un sistema para ayudar a rescatar a un hombre caído al agua. Tienen un botón muy visible llamado «Hombre al agua» (MOB) que todos los miembros de la tripulación deberán poder pulsar instantáneamente en caso de que alguien caiga por la borda.

El receptor registrará la situación del buque en el instante de apretar el botón y seguirá indicando una demora y distancia a dicha situación con el fin de poder guiar al barco de nuevo hasta la persona que está en el agua. Este mecanismo es especialmente útil al navegar en alta mar.

Botón de «Hombre al agua» (MOB) de un aparato GPS.

El radar

En los barcos pequeños no suele ser frecuente el radar, porque requiere una antena relativamente pesada (aunque cada vez son más ligeras), y consume más potencia que otros equipos electrónicos.

Hoy día el radar se utiliza principalmente para evitar colisiones con otros barcos, y cualquier marino que se haya visto atrapado en la niebla en una zona con mucho tráfico se habrá alegrado mucho de llevar a bordo un radar. Pero el radar también se puede utilizar para la navegación.

Las imágenes de boyas, faros, y franjas adecuadas de la costa pueden aparecer en el radar. Con poca visibilidad puede mostrar el camino por canales balizados e indicar las entradas a los puertos. Pero para sacar el mayor provecho del radar, es necesario tener conocimientos y experiencia para ajustar el aparato y para identificar los blancos en la pantalla.

Como es de esperar, el radar indica una señal más precisa de una costa escarpada que de una plana. Si la costa es baja, podréis ver ecos procedentes de zonas montañosas del interior.

El radar suele proporcionar alcances más precisos que demoras, de modo que, por ejemplo, con un alcance de radar del faro de Eddystone y una demora visual se obtendrá una buena situación.

Las balizas radar

Algunos faros principales y boyas grandes están provistos de balizas radar. Estas balizas están señaladas en las cartas y aparecen en los almanaques.

Al recibir una señal de radar la baliza emite una frecuencia característica que aparece en la pantalla del radar, por la cual identificamos el eco de la luz o boya.

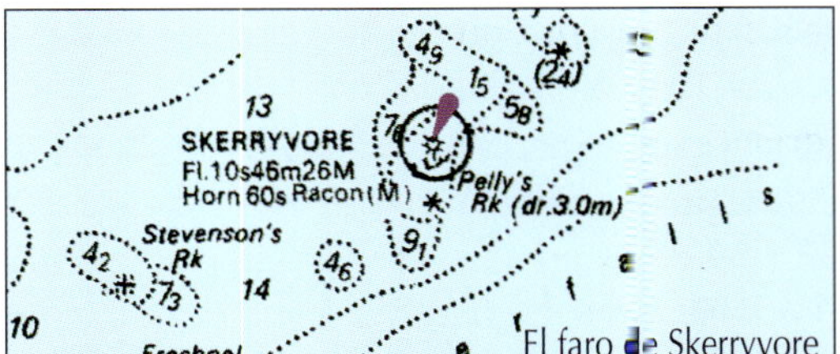

El faro de Skerryvore frente a las Islas Occidentales de Escocia tiene una baliza radar. Esta luz avisa sobre escollos especialmente peligrosos.

CAPÍTULO 16

¿Listos para navegar?

- Resumen -

Antes de saltar a bordo y desaparecer del puerto, recomendamos que estudiéis este último capítulo y después que volváis a echar un vistazo a cualquier tema que no haya quedado claro.

Nota: *Los números que aparecen entre paréntesis corresponden a los capítulos del libro.*

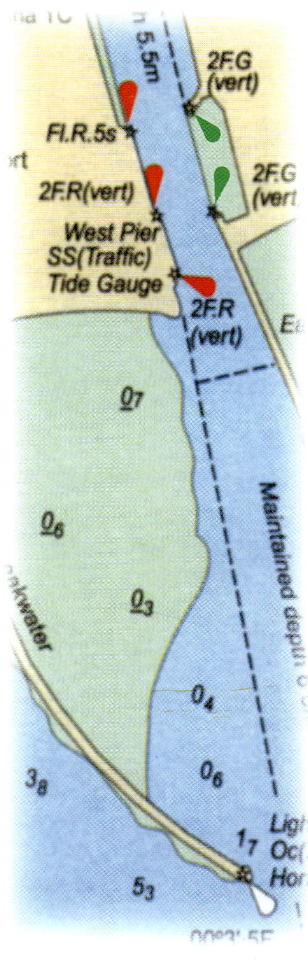

Cartas (1)

Conocéis las cartas que existen. Y al observar una carta entendéis casi todo lo que veis, incluyendo: la latitud y longitud, los símbolos de la carta y las sondas. Sabéis dónde buscar cualquier tema que no entendáis.

> En una palabra, os sentís cómodos utilizando las cartas.

Boyas y luces (2)

Podéis reconocer los diferentes tipos de boyas, en la carta y al verlas en el agua. Por lo cual podéis distinguir la diferencia que existe entre una *señal lateral de estribor* y una *boya cardinal*, y sabéis para qué sirven.

Sabéis cuáles son las *características* de una luz y podríais establecer la diferencia que hay entre una *luz de destellos* y una *luz de ocultaciones*.

El compás (3)

Entendéis lo que significa la *variación magnética* pero preferís trabajar sólo con rumbos y demoras magnéticas, por lo menos de momento. Sabéis que, en la mar, la dirección puede ser un *rumbo* o una *demora*.

Trabajar en la carta (4)

Sabéis utilizar el compás de puntas para medir las distancias, y lo que es la rosa del compás. Y sabéis trazar rumbos y demoras con las reglas paralelas o con un transportador.

¿Recordáis cómo se puede establecer la situación de un barco o de un objeto, y sabéis trazar una latitud y una longitud determinada?

Entendéis la relación entre tiempo, velocidad y distancia, y sabéis utilizar las tablas para averiguarlos.

> Sabéis trazar en la carta con el transportador o con las reglas paralelas. Podéis trazar rumbos y demoras con bastante rapidez.

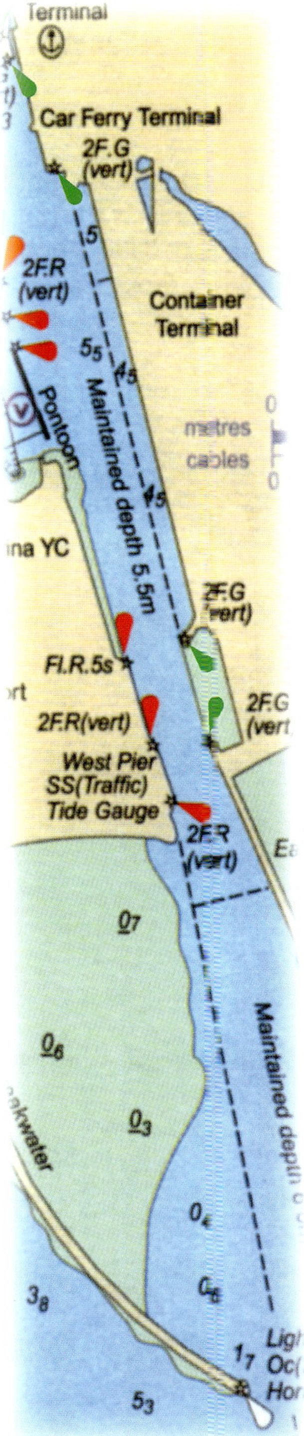

Las mareas; marea creciente y marea menguante (5)

¿Entendéis el concepto de pleamar y bajamar, y sabéis con qué frecuencia se producen? ¿Qué son mareas vivas y mareas muertas?

Sabéis para qué sirven las tablas de mareas y cómo utilizarlas. Y sois capaces de hallar la hora y la altura del agua en pleamar y en bajamar en un puerto para el cual no hay tablas de mareas detalladas.

¿Por qué a veces es necesario conocer las horas de la pleamar y la bajamar con exactitud, así como la altura de la marea?

Las corrientes de marea (6)

Comprendéis el fenómeno del flujo y el reflujo. Y sabéis lo que son las tablas de corrientes de marea, dónde encontrarlas y cómo utilizarlas.

> Estos dos capítulos os han hecho «tomar conciencia de la marea». Ahora os dais cuenta de la importancia que tiene y por qué debéis saber en todo momento en qué fase se encuentra.

Los instrumentos de navegación (7)

Sabéis para qué se utiliza la corredera y la sonda y el servicio que hacen al navegante.

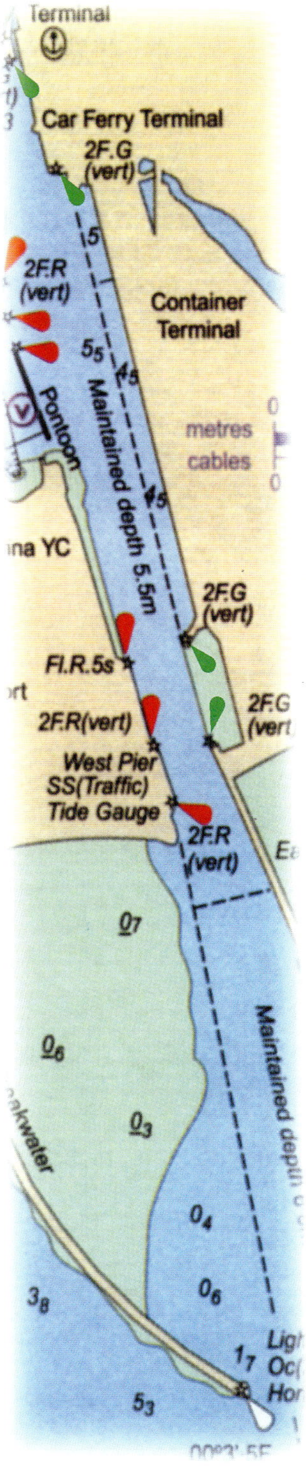

Empezar (8)

Aquí es donde pusisteis en práctica parte de la teoría que habíais aprendido hasta entonces. ¿Comprendéis lo que significa pilotaje o «navegar de boya en boya» y por qué tenéis que ser minuciosos en lo que parece una manera sencilla de pasear?

Aunque haya podido parecer evidente, ¿recordáis por qué el navegante debe saber siempre dónde se encuentra? ¿Qué quiere decir navegación por estima? ¿Sois capaces de trazar una situación de estima? ¿Qué es una situación corregida? ¿Sabéis como trazarla?

Hallar la situación (9)

Sabéis utilizar un compás de marcar y elegir los objetos adecuados para tomar una demora. ¿Sabéis hallar la situación por dos y tres demoras, y qué es un *triángulo de posición*?

¿Os acordáis de lo que es una enfilación?

> Una facultad fundamental del navegante es saber tomar una demora y llevarla a la carta con rapidez. Requiere cierta práctica, pero no es difícil.

Entrar en puerto (10)

Os recordábamos que entrar en puerto, especialmente en uno en el cual no habéis estado nunca, exige cierta preparación. Esta información puede obtenerse en la carta, el almanaque y el derrotero. ¿Recordáis los factores que afectan al navegante?

Planificar las travesías (11)

Decíamos que no sólo hay que planificar las travesías entre puertos sino cualquier salida a la mar.

¿Recordáis el consejo sobre la distancia a la que se debe navegar de los cabos, y cómo mantenerse a salvo de los peligros?

¿Qué es un *canal de marea* y por qué puede afectar a vuestro programa de navegación del día?

Más información sobre el compás (12)

Quizás no sea un capítulo fácil, aunque es una parte de los conocimientos básicos sobre navegación que tenéis que comprender.

Hasta este momento habéis trabajado con demoras y rumbos magnéticos, ahora ya sabéis utilizar el rumbo verdadero. Y esto significa que sois capaces de pasar de rumbo magnético a verdadero y viceversa.

¿Sabéis que es el desvío, qué es lo que lo produce, y qué ocurre cuando el compás está *compensado*?

Recordáis la regla CADET?

Navegar de noche (13)

Sin duda no entrará en vuestros planes navegar de noche, al menos al principio. Pero quizás os veáis obligados a ello. Proporcionamos aquí consejos sobre el modo de hacerlo. En particular, lo que tenéis que hacer si os encontráis de noche en una zona con muchas luces y señales de navegación, y también con barcos mercantes.

Convertirse en navegantes (14)

En este cajón de sastre de consejos prácticos, advertíamos sobre empezar a navegar con mal tiempo.

Os enteráis ahora que hay que corregir las cartas y por qué utilizar cartas sin actualizar puede ser peligroso.

Aprendéis a llevar el cuaderno de bitácora. ¿Sabéis qué es lo que hay que anotar?

Por último, ¿sabéis cómo comprobar vuestro trabajo de navegación en todo momento?

Navegación electrónica (15)

Aunque la navegación electrónica constituye una parte cada vez más importante de la navegación en barcos de recreo, sigue siendo indispensable tener conocimientos básicos sobre navegación.

En este capítulo echamos una breve ojeada al GPS y al radar, explicamos lo que son y sus funciones.

Aprendéis lo que pueden y no pueden hacer.

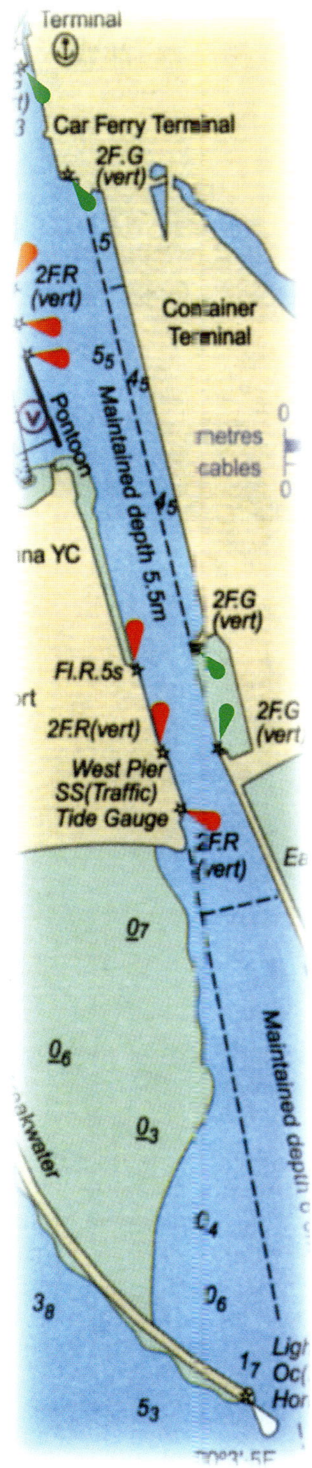

Anexo a la edición española

Nota del editor: Como complemento a la edición original del libro, para esta versión española hemos creído conveniente añadir la información adicional que sigue, referida a las publicaciones editadas en España para la navegación en nuestras costas, destacando sus características, y con ejemplos prácticos.

Cartas náuticas

En España, las cartas náuticas están editadas por el Instituto Hidrográfico de la Marina (IHM), organismo oficial con sede en Cádiz, y se clasifican en cuatro grupos principales:

- **Cartas Generales.** Destinadas a la navegación oceánica. Su escala es inferior a 1:3.000.000
- **Cartas de Arrumbamiento.** Se utilizan para navegar a rumbo directo distancias medias. Su escala está comprendida entre 1:200.001 y 1:3.000.000
- **Cartas de Navegación Costera.** Sirven para navegar reconociendo la costa. Su escala está comprendida entre 1:200.001 y 1:50.000. La carta de 1:50.000 es el documento base de la cartografía náutica por contener el mayor detalle posible de los accidentes geográficos y del relieve submarino, debiendo ser consultada por el navegante para la resolución de los problemas que se le planteen en las proximidades de la costa.
- **Aproches.** De escala entre 1:50.000 y 1:25.000
- **Portulanos.** Escala superior a 1:25.000.

Estas dos últimas cartas muestran el detalle más completo de una pequeña extensión de costa y mar, puertos, radas, ensenadas, fondeaderos, freus, etc.

En cuanto a su tamaño, las cartas náuticas se clasifican en cuatro tipos:

Cartas Tipo "A" (hasta 425 × 315 mm) Formato DIN A 3
Cartas Tipo "B" (hasta 594 × 420 mm) Formato DIN A 2
Cartas Tipo "C" (hasta 841 × 594 mm) Formato DIN A 1
Cartas Tipo "D" (hasta 1189 × 841 mm) Formato DIN A 0

Las **Cartas Deportivas,** dedicadas a la navegación costera, tienen un formato reducido, más cómodo para utilizar en barcos que realizan navegaciones cortas.
Estas cartas se publican de tres en tres, y vienen plegadas dentro de una carpeta que lleva impresa, en su parte interior, información diversa procedente de: Reglamento de Abordajes, Cuadro de Símbolos y Abreviaturas, Derroteros y Guías Turísticas.

Los signos convencionales y abreviaturas más corrientes que aparecen en las cartas náuticas españolas están contenidos en la Publicación n.º 14 del Instituto Hidrográfico de la Marina.

En las cartas náuticas españolas una cifra en *cursiva y subrayada* indica la altura de la roca visible en la máxima bajamar. Si la cifra está sola y en *cursiva,* indica la altura del agua de una línea de sonda. Y los números rectos sobre la tierra señalan que se trata de altitudes calculadas a partir del 0 de la nivelación terrestre (colinas, faros, etc.).Tanto las sondas como las altitudes se indican en metros. El nivel de altitudes que señala la carta toma como referencia la altura del nivel del mar en Alicante.

El balizamiento o conjunto de señales colocadas para uso de los navegantes es responsabilidad del servicio correspondiente del Ministerio de Fomento.

Cuadro de faros y balizas de Asturias

N.º libro de faros	Nombre	Situación	Descripción	Características	Alcance (millas)
01620	Faro de San Emeterio	Pimiango	Torre cilíndrica blanco-azulada, con casa blanca	Destellos aislados 0,3 + 4,7 = 5″	20
01640	Faro de Llanes	Llanes	Torre octogonal blanca con casa	Ocultación más Grupo de 3 destellos 5,3 + 1,9 + 0,7 + 1,9 + 0,7 + 1,9 + 0,7 + 1,9 = 15″	15
01660	Faro de Ribadesella	Ribadesella	Torre decagonal con casa blanca	Grupo complejo de destellos (1 + 2) 0,4 + 1,2 + 0,4 + 4,8 + 0,4 + 4,8 = 12″	25
01680	Faro de Lastres	Lastres	Torre cilíndrica blanca	Destellos aislados 0,3 + 11,7 = 12″	23
01720	Faro de Tazones	Tazones	Torre gris con casa blanca	Grupo de 3 ocultaciones 7 + 2 + 1 + 2 + 1 + 2 = 15″	20
01750	Faro de Cabo de Torres	Gijón	Torre octogonal blanca con edificio rectangular	Grupo de 2 destellos 0,4 + 2,1 + 0,4 + 7,1 = 10″	18
01755	Bajo Amosucas, boya Este: 43º 34,9′N 5º 39,4′W	Gijón	Boya de castillete Cardinal Este	Grupo de 3 destellos 0,5 + 0,5 + 0,5 + 0,5 + 0,5 + 7,5 = 10″	5
01758	Bajo Amosucas, boya Oeste:43º 34,9′N 5º 40,0′W	Gijón	Boya de castillete Cardinal Oeste	Grupo de 9 destellos (0,5 + 0,5) 8 + 0,5 + 6,5 = 15″	5
01753	Bajo Amosucas, boya Norte:43º 35,0′N 5º 39,7′ W	Gijón	Boya de castillete Cardinal Norte	Centelleante 0,5 + 0,5 = 1″	5
01760	Bajo Amosucas, boya Sur: 43º 34,6′N 5º 39,7′W	Gijón	Boya de castillete Cardinal Sur	Grupo de 6 destellos más Destello largo (0,5 + 0,5) 6 + 2,0 + 7 = 15″	5
01745	Boya medidora de oleaje 43º 36,8′N 5º 39,9′W	Gijón	Esférica amarilla	Grupo de 5 destellos (0,5 + 0,5) 4 + 0,5 + 10,5 = 15″	2

N.º libro de faros	Nombre	Situación	Descripción	Características	Alcance (millas)
01770	Boya medidora de oleaje 43º 34,1'N 5º 38,9'W	Gijón	Esférica amarilla	Grupo de 5 destellos (0,5 + 0,5) 4 + 0,5 + 10,5 = 15″	2
01740	Boya medidora de oleaje 43º 37,0'N 5º 40,1'W	Gijón	Esférica amarilla	Centelleante 0,5 + 0,5 = 1″	2
01780	Dique Príncipe de Asturias	Gijón	Torre cilíndrica gris	Destellos aislados 0,4 + 2,6 = 3″	6
01790	Contradique exterior	Gijón	Torre cilíndrica verde	Grupo de 3 destellos 0,5 + 1 + 0,5 + 1 + 0,5 + 4,5 = 8″	4
01800	Muelle Olano	Gijón	Caseta verde	Ocultaciones aisladas 2 + 0,5 = 2,5″	6
01810	Muelle Moliner	Gijón	Caseta roja	Grupo de 4 destellos 0,5 + 1 + 0,5 + 1 + 0,5 + 1 + 0,5 + 3 = 8″	4
01820	Muelle de la Osa, Ang. N	Gijón	Torre cilíndrica roja	Grupo de 2 destellos 1 + 2 + 1 + 6 = 10″	4
01830	Muelle de la Osa, Ang. S	Gijón	Torre cilíndrica roja	Fija	4
01840	Muelle del Rendiello Extremo Norte	Gijón	Torre cilíndrica roja	Fija	4
01850	Muelle del Rendiello Extremo Sur	Gijón	Torre cilíndrica verde	Destellos aislados 1 + 3,5 = 4,5″	8
01860	Sexta alineación	Gijón	Torre cilíndrica roja	Fija	4
01870	Pantalán graneles líquidos	Gijón	Torre cilíndrica roja	Fija	4
01880	Segundo Espigón	Gijón	Torre cilíndrica roja	Fija	4
01890	Primer Espigón, Ang. NW	Gijón	Torre cilíndrica roja	Fija	4
01900	Primer Espigón, Ang. SE	Gijón	Torre cilíndrica roja	Fija	4
01930	Muelle de la ampliación (Osa)	Gijón	Torre troncopiramidal verde	Centelleante 0,5 + 0,5 = 1″	8
01970	Piedra de Sacramento	Gijón	Torre de mampostería octogonal	Destellos aislados 0,3 + 1 = 1,3″	4
01980	Dique Santa Catalina	Gijón	Torre cilíndrica roja	Grupo de 2 destellos 0,4 + 0,4 + 0,4 + 4,8 = 6″	10
01990	Malecón de Fomento	Gijón	Torre cilíndrica verde	Destellos aislados 0,4 + 2,6 = 3″	3
01995	Playa de Poniente	Gijón	Torre cilíndrica verde	Destellos equidistantes 0,5 + 0,5 = 1″	6
02020	Faro de Candás	Candás	Torre octogonal rojiza con casa blanca	Grupo de 2 ocultaciones 4 + 2 + 2 + 2 = 10″	15
02080	Faro de Cabo Peñas	Gozón	Torre octogonal gris claro con casa blanca	Grupo de 3 destellos 0,4 + 2,1 + 0,4 + 2,1 + 0,4 + 9,6 = 15″	35

Mareas

En España, el I.H.M edita el *Anuario de Mareas*, que contiene predicciones de mareas para los puertos patrones o principales de la Península Ibérica, Islas Canarias, Sahara occidental y algunos puertos de África Occidental.

Los cálculos están íntegramente efectuados por la Sección de Oceanografía y procesados por un ordenador Digital VAX VMS.

Asimismo, el Ministerio de Fomento edita Tablas de Mareas de numerosos puertos con datos sobre: estado de altitudes sobre el cero del puerto, de los principales puntos de referencia de la zona; longitud y calado de los muelles; resumen del movimiento del mar en los citados puertos, indicando alturas sobre el cero del puerto; descripción de señales marítimas y balizamiento; situación geográfica; calados; cero del Puerto; establecimiento del Puerto; unidad de altura del Puerto; declinación magnética (con decremento anual); procedimiento para hallar la altura de la marea en un momento dado; tablas con las alturas del agua y horas de la pleamar y bajamar de todos los días del año; tablas de correcciones de horas y alturas de la marea (datos suministrados por el IHM); escalas de Beaufort de fuerza del viento y escala del estado de la mar.

Tabla de mareas para el mes de junio 2004 en el puerto de Gijón

Máxima carrera de marea 4,60 m				B.M.V.E.E.* respecto al cero del puerto +0,35 m				P.M.V.E.E. * respecto al cero del puerto +4,95 m	
Junio 2004		**PLEAMARES**				**BAJAMARES**			
		Mañana		**Tarde**		**Mañana**		**Tarde**	
Fecha	**Día**	**Hora**	**Metros**	**Hora**	**Metros**	**Hora**	**Metros**	**Hora**	**Metros**
1	Martes	01:26	4,03	13:52	4,09	07:37	0,73	19:57	0,69
2	Miércoles	02:15	4,19	14:37	4,28	08:23	0,58	20:45	0,51
3	Jueves	03:04	4,29	15:24	4,4	09:09	0,52	21:35	0,42
4	Viernes	03:53	4,29	16:13	4,43	09:56	0,55	22:25	0,43
5	Sábado	04:45	4,19	17:03	4,38	10:45	0,66	23:18	0,53
6	Domingo	05:38	4,02	17:57	4,25	11:36	0,84		
7	Lunes	06:34	3,81	18:54	4,08	00:13	0,71	12:30	1,04
8	Martes	07:34	3,6	19:56	3,89	01:11	0,92	13:30	1,24
9	Miércoles	08:38	3,44	21:01	3,72	02:13	1,13	14:35	1,39
10	Jueves	09:46	3,35	22:08	3,61	03:18	1,29	15:43	1,47
11	Viernes	10:52	3,35	23:12	3,56	04:23	1,38	16:49	1,47
12	Sábado	11:52	3,41			05:24	1,39	17:50	1,42
13	Domingo	00:10	3,56	12:43	3,5	06:18	1,34	18:44	1,34
14	Lunes	01:01	3,6	13:27	3,61	07:05	1,28	19:31	1,26
15	Martes	01:45	3,64	14:06	3,71	07:47	1,21	20:14	1,18
16	Miércoles	02:26	3,67	14:42	3,8	08:25	1,16	20:54	1,12
17	Jueves	03:03	3,7	15:16	3,85	09:01	1,13	21:31	1,08
18	Viernes	03:39	3,7	15:50	3,88	09:36	1,13	22:07	1,06
19	Sábado	04:14	3,69	16:23	3,88	10:10	1,14	22:42	1,07
20	Domingo	04:49	3,66	16:59	3,85	10:45	1,18	23:17	1,11
21	Lunes	05:25	3,6	17:36	3,81	11:21	1,23	23:55	1,16
22	Martes	06:04	3,53	18:17	3,74			12:00	1,3
23	Miércoles	06:46	3,45	19:02	3,66	00:36	1,23	12:43	1,37
24	Jueves	07:34	3,37	19:52	3,58	01:21	1,3	13:32	1,43
25	Viernes	08:29	3,31	20:48	3,53	02:13	1,35	14:27	1,47
26	Sábado	09:30	3,32	21:51	3,52	03:11	1,37	15:29	1,46
27	Domingo	10:33	3,39	22:56	3,56	04:13	1,33	16:34	1,38
28	Lunes	11:35	3,54			05:15	1,23	17:38	1,24
29	Martes	00:00	3,67	12:34	3,73	06:15	1,08	18:39	1,04
30	Miércoles	01:02	3,82	13:29	3,95	07:11	0,93	19:38	0,83

* Las siglas BMVEE significan: bajamar máxima viva equinoccial española y PMVEE: pleamar máxima viva equinoccial española. *(N. de la T.)*

En España, los Derroteros, Tablas de Mareas y Guías náuticas proporcionan información útil para el navegante sobre las zonas de navegación y sus puertos.

Los barcos de recreo deben llevar a bordo las cartas que cubran los mares por los que naveguen (según las respectivas categorías), los portulanos de los puertos que utilicen, y además:

— el Cuaderno de Faros
— el Derrotero de la zona por la que naveguen
— el Anuario de Mareas (excepto en el Mediterráneo)
— el Manual de Primeros Auxilios
— el Reglamento de Radiocomunicaciones si tienen radio
— el Código Internacional de Señales (para las navegaciones en Categoría A)

Y en cuanto a la documentación específica del barco:

— Rol o Licencia de Navegación, despachado generalmente para cinco años.
— Certificado de Navegabilidad en vigor.
— Título de patrón, igual o superior al indicado en el Rol o Licencia.

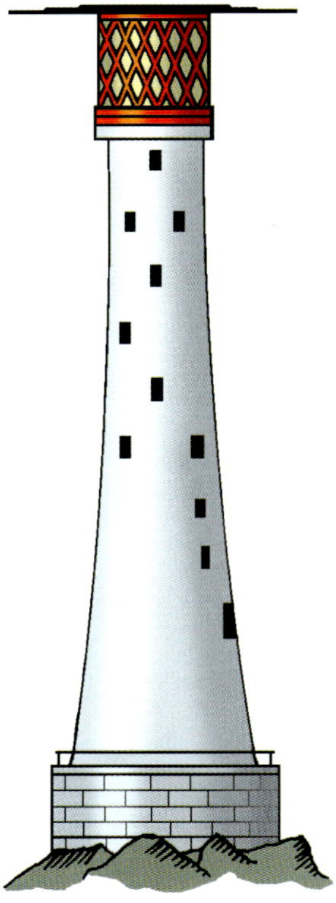

Glosario

Glosario general

Alcance. Distancia a la cual se distingue la luz de un faro desde un barco. También la distancia de un objeto detectado por el radar.
Baliza. Señal de navegación no luminosa. Puede ser una percha con una marca de tope en un banco de arena o una estructura más sólida instalada en tierra.
Corredera. Mecanismo que sirve para medir la distancia recorrida en el agua.
Cuaderno de bitácora. Libro en el que se anotan los datos de la navegación y otros detalles de las actividades del barco.
Demora. Dirección que forma la visual dirigida a un objeto o un punto, en la costa o en el mar, tomada desde otra de referencia.
Deriva. Desplazamiento de un barco sobre el agua originado por la acción de la corriente y del viento.
Derrota. La ruta que se traza sobre la carta y que se intenta seguir.
Derrotero. Guía náutica que proporciona detalles de la costa y de los puertos y que da consejos sobre cómo entrar en ellos.
Desvío. Error del compás producido por el motor (o motores) del barco y otros objetos de metal o eléctricos situados cerca del compás. En teoría es el ángulo que forma el Norte magnético con el Norte que indica el compás.
Enfilación. Dos objetos alineados, tal como los ve el observador.
Estima. Situación calculada según el rumbo del barco y la distancia recorrida en un período de tiempo determinado.
Fase. Pauta especial de destellos que sirve para identificar una luz.
GPS (Global Positioning System). Sistema Global de Posicionamiento. Sistema electrónico de navegación utilizado por barcos pequeños (y otros) que procesa información procedente de satélites.
Latitud. Medida de la situación de un barco al Norte o al Sur del ecuador.
Línea de posición. Línea a lo largo de la cual se encuentra la situación del barco. Es el resultado de tomar una sola demora a un objeto situado en la costa.
Longitud. Medida de la situación del barco al Este o al Oeste del meridiano de Greenwich (que es la longitud 0°).
Luces de entrada. Dos luces que forman enfilación y que se emplean para indicar el acceso a un puerto.
Marca de tope. Forma característica colocada en la parte superior de una boya o baliza que sirve para su identificación.
Meridiano. Línea que representa la longitud.
Norte magnético. Dirección del Polo Norte Magnético. Dirección que señala la aguja del compás magnético (independientemente del posible error).
Norte verdadero. Dirección del Polo Norte Verdadero. Está siempre en la parte superior de la carta, señalado por los meridianos.
Puntos cardinales. Norte, Sur, Este y Oeste.
Rumbo. Dirección en la cual navega un barco y la que señala la proa en cualquier momento.
Rumbo verdadero. La dirección en la cual el barco navega "en la carta" o sobre el fondo. No es necesariamente el mismo rumbo que lleva.
Señal. Objeto representado en la carta que puede utilizarse para identificar la situación de un barco. Las boyas, balizas, etc., se conocen como señales de navegación.
Señales de entrada. Dos señales que forman una enfilación y que se utilizan para indicar el acceso a un puerto.
Situación. En teoría es la situación del barco obtenida por cualquier medio, pero, por lo general, en los barcos pequeños es la situación obtenida por medio de demoras tomadas a objetos situados en la costa. (También se dice hallar la situación.)
Situación corregida. Situación estimada teniendo en cuenta una corriente de marea o deriva conocida.
Situación por demoras no simultáneas. Situación obtenida por dos demoras de un mismo objeto situado en la costa y basada en la distancia recorrida entre las dos demoras.
Sonda. Profundidad de agua, normalmente referida a las que se indican en la carta.
Triángulo o superficie de posición. El triángulo que forman tres demoras que no coinciden exactamente en un punto.
Variación. Ángulo que forma el Norte verdadero y el Norte magnético en cualquier lugar.

Glosario sobre la marea

(Hay tantas palabras relacionadas con la marea y con las corrientes de marea que es conveniente incluirlas en un glosario independiente.)

Altura (de la marea). Cifra obtenida de las tablas de marea que indica la altura de la marea por encima del cero hidrográfico o nivel de reducción de sondas.

Amplitud de la marea. La diferencia de altura entre una pleamar y una bajamar sucesivas. Cantidad que sube y baja la marea en cualquier momento.

Canal de marea. Zona donde la corriente de marea es muy intensa y donde la hora de llegada puede ser fundamental para evitar una fuerte corriente contraria.

Cero hidrográfico o nivel de reducción de sondas. Punto de referencia para las alturas y profundidades indicadas en la carta. También es el punto más bajo al que llega la marea.

Corriente de marea. El movimiento horizontal de la marea, opuesto a la subida y bajada.

Creciendo. La amplitud de la marea en mareas muertas es pequeña, y más grande en mareas vivas. Al aumentar la amplitud desde mareas muertas a mareas vivas, se dice que la marea está creciendo. Lo contrario sería, menguando.

Curso. Dirección en la cual se desplaza una corriente o una corriente de marea.

Duración de la marea. Período entre una pleamar y la bajamar anterior; normalmente algo más de 6 horas.

Flujo. Movimiento de la marea al desplazarse hacia la pleamar, cuando está subiendo.

Mareas muertas. Mareas en las que la subida y bajada son mínimas, y que tienen lugar durante el primero y el último cuarto de la luna. Lo contrario de mareas vivas.

Mareas vivas. Las mareas que tienen lugar en los momentos de luna llena y luna nueva, cuando la subida y la bajada (amplitud) es máxima y la corriente de marea es muy fuerte.

Menguando. Lo contrario de "creciendo". (Véase más arriba.)

Profundidad real del agua. La profundidad real del agua en cualquier punto. Se halla sumando la altura de la marea (indicada en las cartas de marea) a la sonda de la carta.

Puerto Patrón. Cada uno de los puertos en relación con los cuales se indican con detalle las predicciones de marea en almanaques y tablas de marea. Pueden utilizarse para calcular la marea en los Puertos Secundarios.

Puerto Secundario. Puerto en relación con el cual no existen tablas detalladas de mareas, y en los que las mareas se hallan con referencia a un Puerto Patrón.

Reflujo. Movimiento de la marea después de la pleamar, cuando está bajando.

Repunte de marea o marea parada. Período en pleamar y en bajamar en el cual el movimiento de la marea es mínimo.

Sonda de la carta. La profundidad que indica la carta del fondo marino en un punto determinado. La profundidad por debajo del nivel de reducción de sondas.

Sonda negativa. Altura (por encima del cero hidrográfico) de cualquier promontorio que quede descubierto en bajamar.

Raz de marea. Zona de aguas agitadas y a veces peligrosas causada por la acción de la corriente de marea frente a cabos o en pasos estrechos.

Índice alfabético

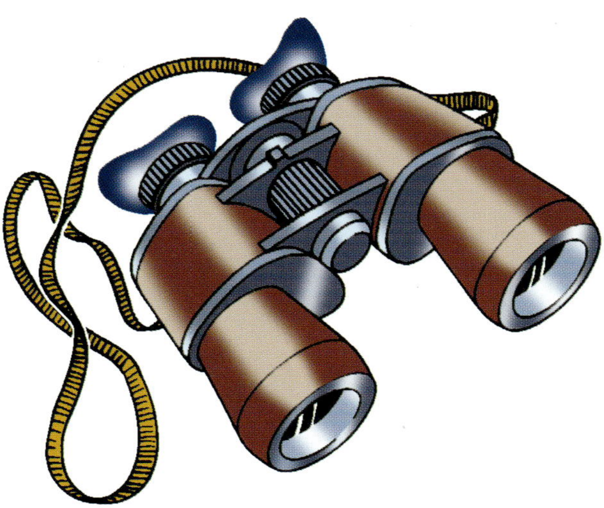